희곡과 함께 걷다

치유적 희곡 읽기

이
효
원

머리말

"인생이랑 똑같은 걸 뭣 하러 써?"

작년 한해 화제의 중심이었던 드라마 '나의 해방일지'에 나온 대사입니다. 창희가 구씨에게 잡혀 맞지 않으려고 정신없이 달리는 와중에 삽입된 장면으로, 현아가 창희에게 이렇게 말하죠.

"내가 작가나 해볼까 하고 잠깐 작법 책 본 적 있는데 좋은 드라마란 주인공이 뭔가를 이루려고 무지 애쓰는데 안 되는 거래. 그거 보고 접었어. 인생이랑 똑같은 걸 뭣 하러 써? 재미없게."

'치유적 희곡 읽기'라는 부제를 단 이 책을 쓰면서 저도 현아처럼 묻습니다. 인생이랑 똑같아서 재미없는 그런 드라마를 우리는 왜 끊임없이 쓰고 또 볼까요?

일단 드라마의 역사는 그 시작부터 지금까지 '인생이랑 똑같은 걸 쓰기 위한' 과정이라 할 수 있습니다. 삶을 있는 그대로 담아내는 것,

"자연에 거울을 비추는 것"(햄릿 3막 2장)을 최종의 목적으로 하는 것이지요. 이는 드라마뿐 아니라 예술 일반이 공유하는 바이기도 합니다. 물론 각 시대마다 인생을 바라보는 방식과 함께 자연스럽고 진실한 삶의 면모가 조금씩 다르게 조명되기는 하지만, 핍진성을 추구함에 있어서는 어느 양식이나 사조도 예외가 없습니다.

이처럼 일관되고 보편적인 특성의 배후에는 보통 인간의 강력한 필요가 작동하며, 그것은 흔히 재미라는 보상을 제공합니다. 다시 말해 현아의 의문과 달리 우리가 드라마를 쓰고 보는 이유는 그것이 인생과 꼭 닮았기 때문이며, 그것을 통해 분명히 어떤 재미와 보상을 얻는다는 것입니다.

우리는 몸으로서 제한된 공간을 점유하는 개인들이며 그래서 사는 동안은 어쩔 수 없이 자기 자신과 동시대 사람들을 객관적으로 관찰하고 경험할 수 없습니다. 적극적인 상상을 통해 그 한계를 어느 정도 상쇄하기는 하지만 그것이 늘 성공적이지는 않지요. 그래서 예술이 필요한 것입니다. 예술가는 어떤 순간의 어떤 대상에 깊이 침잠해 그것이 가진 소리와 촉감과 색깔과 움직임과 이야기를 형상화하고, 관객은 작품을 통해서 대상과 그것을 통과한 예술가의 세계를 만나고 또 거기 비친 자신의 모습을 발견합니다. 그리고 예술 그 중에서도 특히 드라마는 스스로를 보지 못하는 우리가 우리의 모습을 비추어 볼 수 있게 해주는 거울로 작동합니다. 그 거울은 짜릿하고 신비롭고 즐겁고 통렬하고 비참하고 애틋하고 혐오스럽고 희망찬 다양한 감정과 생각 곧 재미를 일깨워주지요.

현아의 또 다른 의문, 드라마는 왜 실패를 다룰까요? 실패(失敗), 일을 잘못하여 뜻한 대로 되지 않거나 그르치는 것. 그렇죠. 오이디푸스도, 블랑쉬도, 에스트라공도, 셴테도, 니나도, 맥베스도, 리어도, 윌리 로먼도 모두 저마다의 욕망이나 과제를 이루려 무진 애를 썼지만 결국 실패했습니다. 그리고 우리는 그런 드라마를 비극이라 부르지요. 우리는 대체 왜 그런 드라마를 고전이라 추앙하며 되풀이해서 읽고 보는 걸까요?

그건 주인공이 뭔가를 이루려고 무지 애를 쓰는데 안 되는 이야기를 통해 그것을 접하는 이들을 위로하려는 게 가장 큰 이유가 아닐까 합니다. 사람들이 듣고 위로 받았다고 하는 곡들을 보면 대개가 슬픈 노래입니다. 그저 자신의 것과 비슷한 아픔을 가락에 실어 말했을 뿐인데, 그것을 들으며 위안을 얻는 거죠. 슬픈 노래에서 누군가 내 마음을 대신 얘기해 준 듯한, 내 아픔을 귀 기울여 들어준 듯한 경험을 하기 때문일 것입니다. 그처럼 드라마가 실패한 주인공을 다룬다면 그것은 우리가 자주 실패하고 실패할 때마다 좌절하여 상심한다는 사실에 대한 방증일 것입니다. 그렇게 드라마를 읽고 보면서 우리는 피와 땀과 눈물 흘리는 인물들을 통해 자신의 노고와 실패를 다독거릴 수 있습니다.

실패의 드라마는 거기서 한 발 더 나아가 우리에게 발견의 기회를 줍니다. 짧은 노래와 달리 드라마는 구체적인 상황과 행동으로써 전개되지요. 어떤 선택이 어떤 결과로 이어지는지를 보여주는 덕분에 우리는 드라마를 보면서 주인공의 실패가 어디서 비롯되는지를 파악할 수 있습니다. 그리고 그렇게 될 때 드라마는 재미만이 아니라 일종의 사고 실험의 기회를 제공하여 우리가 주인공의 실패를 반복하지 않을 수 있도록 돕습니다.

이와 다른 측면에서 실패의 드라마는 성공과 실패의 잣대로 잴 수 없는 그 너머의 삶을 감지하게 해주기도 합니다. 실패하지만 패배하지 않는, 실패를 통해 오히려 내면적으로 성숙하는 영웅적인 인물을 보여주는 것입니다. 우리는 그런 주인공을 통해 미처 알아차리지 못했던 차원의 삶을 발견하고 경이로움을 경험합니다.

저는 이렇게 드라마를 통해 자신의 아픔을 위로하고 주인공의 실패를 톺아보면서 같은 실패를 우회하며 위대한 실패의 영웅적 여정에 동참하는 것을 치유적 희곡 읽기라고 생각합니다.

이 책에는 고대 그리스 비극의 대표작인 《오이디푸스》부터 중세 도덕극과 윌리엄 셰익스피어의 작품을 포함해 1953년 작 《고도를 기다리며》까지 모두 13편의 희곡과 그에 관한 이야기가 담겨 있습니다. 2021년 봄부터 겨울까지 다섯 차례에 걸쳐 진행한 치유적 희곡 읽기 워크숍의 여정을 기록한 것이기도 하지요. 그것은 서양 연극사에서 고전으로 꼽히는 희곡 가운데 치유적 관점에서 읽을거리가 풍부한 작품들을 골라 참여자들과 함께 소리 내서 읽은 다음 텍스트가 던지는 질문에 따라 자신의 삶을 들여다보고 극적으로 표현하면서 희곡을 깊이 읽는 작업이었습니다. 먼저 희곡을 눈으로 읽는 대신 여럿이 함께 처음부터 끝까지 낭독하는 것이 흥미롭고 진한 울림을 주었고, 각기 다른 시대와 작가의 이야기에 투사된 인간의 보편성에 지금의 나를 비추어 보는 것 역시 잊지 못할 귀한 자극이 되었지요.

그래서 그 경험을 독자와 공유하고자 만든 이 책은 치유적 희곡 읽기 워크숍의 구성을 그대로 따랐습니다. 먼저 희곡의 전반적인 내용과 주요 인물의 특징을 정리하고 치유적인 관점에서 주목할 주제를 일별한 다음 그와 관련한 일련의 극적 탐험을 안내하는 순서로 되어 있지요. 여러분이 책을 읽으실 때도 혼자 희곡을 읽고 작업해도 좋지만 희곡을 깊이 읽는 이 과정을 좀 더 풍부하게 즐기시려면 관심사를 공유하는 분들과 함께 하시기를 권합니다. 인원은 4~7명 정도가 가장 적당할 거고요. 각기 다른 13개의 세상이 여러분을 기다리고 있습니다.

이 작은 책이 만들어지기까지 많은 분들의 도움이 있었습니다. 매번 흔쾌히 책의 제작을 허락해주시는 노현 대표님과 읽기 좋게 정성껏 다듬어주신 전채린 차장님께 감사하다 말씀드립니다. 그리고 치유적 희곡 읽기 워크숍의 여정을 함께 한 참여자들을 한 분씩 떠올려봅니다. 이 책이 나오면 그 분들이 아마 가장 반겨주시지 않을까 하며 그 얼굴을 그려보네요. 또 저의 인사가 가닿을 수 있을지 잘 모르겠지만, 이 만남을 가능하게 해 준 소포클레스와 윌리엄 셰익스피어와 헨릭 입센과 안톤 체호프와 막심 고리키와 베르톨트 브레히트와 아서 밀러와 테네시 윌리엄스와 손톤 와일더와 사무엘 베케트와 이름 모를 작가에게 허리 숙여 깊이 감사를 전합니다. 그리고 설렙니다.

2023년 3월
봄이 오는 호숫가에서

차례

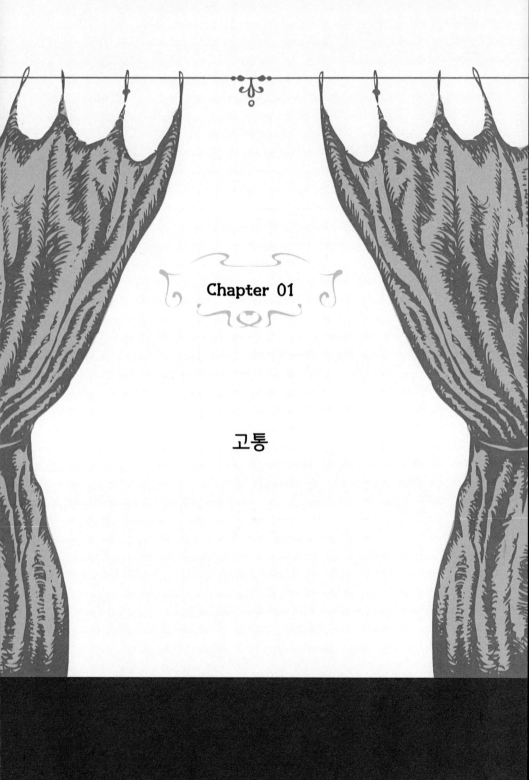

Chapter 01

고통

갈매기

▨ 사랑의 숨바꼭질

　《갈매기》는 안톤 체호프(Anton Chekhov)의 희곡입니다. 작가는 19세기 말 러시아의 한 표정을 시골에서 여름을 보내는 가족을 중심으로 보여줍니다. 퇴직해 자신의 영지에서 지내는 소린, 그의 땅과 소작을 관리하는 샤므리예프와 폴리나 부부 그리고 그들의 딸 마샤, 마샤의 구혼자인 교사 메드베젠코, 소린의 주치의인 도른, 소린 숙부와 함께 사는 아르카지나의 작가 지망생 아들 트레블레프, 소린의 이웃이자 트레블레프가 사랑하는 여인 니나가 한쪽에 있고, 여기에 모스크바에서 활동하는 연극 배우 아르카지나와 상당한 유명세가 있는 작가 트리고린이 방문하면서 이야기가 전개되는데, 가장 먼저 눈에 띄는 《갈매기》의 표층은 짝사랑이 또 다른 짝사랑으로 꼬리에 꼬리를 물고 이어지는 연쇄 짝사랑 이야기입니다.

　그러니까 메드베젠코는 마샤를 사랑해 날마다 먼 길을 혼자 걸어 그녀를 보러 오고, 마샤는 트레블레프를 맘에 품어 늘 그의 뒤를 좇으며, 트레블레프는 니나를 사랑하고 드라마가 시작할 때까지는 니나도 트레블레프를 사랑하지요.

이게 젊은 축의 그림이라면 《갈매기》에서는 나이든 사람들도 사랑에서 예외가 아닙니다. 샤므라예프의 아내 폴리나는 의사 도른에게 애정을 구하고, 도른은 화려한 배우인 아르카지나를 연모하며, 아르카지나는 트리고린을 사랑합니다. 그런데 아르카지나와 트리고린이 시골에 내려오면서 나름 안정적이었던 짝사랑의 연쇄 구도에 균열이 생깁니다. 트레블레프의 연인이었던 니나와 아르카지나의 남자인 트리고린이 사랑에 빠져버린 거죠.

이렇게만 보면 《갈매기》의 인물들은 《한여름 밤의 꿈》에서 요정 퍽의 실수로 힘들게 사랑의 숨바꼭질을 해야 했던 헤르미아와 뤼산드로스와 데메트리오스와 헬레나를 연상시키기도 합니다. 그런데 《한 여름 밤의 꿈》의 네 남녀와 달리 사랑의 꽃 즙의 효력을 지워줄 오베론을 갖지 못한 《갈매기》의 인물들은 오래도록 짝사랑을 멈추지 못하고 스스로 묶은 끈을 끊어내려 할수록 오히려 더 애타게 상대에게 목말라하지요. 그래서 제목도 '갈매기'인가 봅니다.

갈매기는 흔히 바닷새이자 겨울 철새로 알려져 있지만, 먹을 것이 있는 물가에는 어디서든 살 수 있고 먹이만 많으면 텃새화 되어 일 년 내내 볼 수가 있다고 합니다. 그러니까 《갈매기》의 갈매기는 먹이가 풍부한 호숫가에 정착해 사는 갈매기인 거죠. 그래서 갈매기는 호수를 떠나지 못합니다. 날개가 있어도 어디로든 날아가지 못하고 호수 주변을 맴돌다가 누군가 쏜 총에 맞아 떨어져 죽기도 하지요. 사랑으로 비상하기를 꿈꾸지만 그 사랑에 묶여 추락하고, 추락한 채 그 상처를 안고 살아가는 《갈매기》의 인물들처럼.

＿마샤

"어째서 당신은 늘 검은 옷을 입고 다니는 거죠?"

"이건 내 인생의 상복이에요. 불행하니까요."

메드베젠코가 묻고 마샤가 답하는 《갈매기》의 첫 대사입니다. 《갈매기》를 공연보다 희곡으로 먼저 접한 저는 이 첫 문장에서 그냥 무너졌지요.

마샤는 주인공은 아니지만 《갈매기》의 모티프를 다른 어떤 인물보다 생생하게 체현하여 드라마의 전반적인 색조를 결정하는 중요한 인물입니다. 스물두 살 그녀는 니나를 사랑하는 트레블레프를 사랑합니다. 그를 오랫동안 마음에 품은 그녀는 그에 관해서라면 모르는 게 거의 없습니다. 그가 무엇을 열망하는지, 왜 아파하는지 누구보다 잘 알고, 그의 글마저 사랑합니다. 그녀의 눈은 언제나 트레블레프를 좇지만 그녀의 마음은 미친 듯 그에게 달려가는 꼭 그만큼의 속도로 그에게서 달아나려 애씁니다. 그래서 더 멀어지지도 더 가까워지지도 못한 채 그의 곁에서 동그라미로 맴돕니다.

저 단도직입의 대사로 1막을 연 마샤는 곧 열릴 무대를 찾아오지만, 트레블레프는 두 사람을 보자마자 지금 여기 있으면 안 된다며 나가달라 합니다. 그렇게 쫓기듯 퇴장한 마샤는 공연의 막이 오를 때 다시 등장해 인물들 속에 있다가 아르카지나가 극중극을 도중에 작파하고 뛰쳐나간 트레블레프의 이름을 부르자 기다렸다는 듯 "제가 가서 찾아보겠어요"라며 그를 따라나서지요.

하지만 잠시 뒤 다시 돌아온 트레블레프는 도른에게 "마센카가 온

정원에서 절 찾으러 다니고 있습니다. 견딜 수 없는 사람이에요"라고 말합니다. 그는 이후로도 단 한 번도 마샤에게 곁을 주지 않으며 철저한 외면으로 일관합니다.

마샤는 그래서 그 앞에서는 늘 다른 사람의 입을 빌려 마음을 애기합니다. 1막에서 다시 만난 트레블레프가 도른에게 니나를 찾아가겠다고 하자 그녀는 "콘스탄틴 가브릴로비치, 집으로 가세요. 당신 어머니께서 기다리고 계세요. 불안해하세요"라고 말하지만 그를 기다리며 불안해하는 건 실은 마샤 자신입니다.

트레블레프와 마주치지 않는 2막의 마샤는 늘어진 현처럼 울적합니다. 니나를 의식한 아르카지나가 마샤를 내세워 자신의 젊음을 과시해도, 마샤는 그런 수작 따윈 아무렇지 않다는 듯 말합니다.

"저는 마치 아주 오래전에 태어났다는 그런 느낌이 들어요. 마치 끝도 없는 치맛자락처럼 제 인생을 질질 끌고 다니죠."

그리고 잠시 뒤 트레블레프의 희곡을 읽어달라는 부탁에 니나가 재미없다고 하자 마샤는 꿈꾸듯 말합니다.

"그 사람이 무엇인가를 읽으면, 그의 두 눈은 빛나고 얼굴은 창백해집니다. 아름답고 슬픈 목소리, 꼭 시인 같아요."

그러나 그의 목소리를 들을 수 없는 그녀는 아침을 먹기도 전에 보드카에 취하고 연신 코담배를 피우며 자신의 괴로움을 달랩니다.

3막은 트리고린에게 자신의 마음을 고백하는 마샤의 대사로 시작됩니다.

"솔직히 말씀드리면 그 사람이 심하게 상처를 입었다면 전 잠시도 살 수 없었을 겁니다. 하지만 저는 용감해요. 확실하게 결정을 내렸어요. 이 사랑을 제 가슴에서 뽑아버리기로, 뿌리째 뽑아내기로 했어요. 결혼하게 되면, 더 이상 사랑할 겨를은 없어질 거고, 새로운 근심 걱정이 예전의 모든 것을 죽여 버릴 테죠."

그리고 니나가 트리고린을 따라 모스크바로 가서 배우가 되고, 니나를 잊지 못한 트레블레프가 작가가 되는 3막과 4막 사이 2년 동안 마샤는 자신의 등만 바라보던 메드베젠코와 결혼해 아이 엄마가 됩니다.
하지만 결혼을 하고도 요지부동인 그녀의 사랑은 4막에서도 그를 부릅니다. 그녀는 "콘스탄틴 가브릴로비치! 콘스탄틴 가브릴로비치! 아무도 없네. 코스챠는 어디 있니, 코스챠는 어디 있어, 하고 노인네가 계속해서 물어보시니…. 그 사람 없으면 사실 수 없나 봐요"라며 소린의 것인 척 트레블레프 없는 삶을 상상하지 못하는 자신의 마음을 드러냅니다. 메아리로밖에 말하지 못하는 에코 같습니다.
그런 딸을 보다 못한 엄마가 아무것도 필요 없으니 그저 다정하게만 봐달라고 트레블레프에게 사정하지만, 그는 아무 대꾸 없이 방에서 나가버리고, 마샤는 다른 방에서 그가 연주하는 음울한 왈츠에 맞춰 두세 바퀴 돌며 말합니다.

"중요한 건, 엄마. 눈앞에 보이지 않는 거예요. 남편을 전근시켜주기만 하면 거기서 한 달 안에 잊어버릴 테니까, 믿어주세요. 이 모든 건 쓸

데없는 짓이에요."

하지만 그 말이 무색하게도 그녀의 시선은 드라마가 끝날 때까지 집요하게 트레블레프의 뒤를 좇습니다. 대신 그녀의 혀는 더 이상 말하기를 멈추고 로토 게임을 하며 대화하는 사람들 사이에서 의미 없는 숫자만 외칩니다.

"3! 34! 11! 66! 1!"

그녀의 마지막 대사는 "88!"입니다. 그리고 곧 트레블레프와 니나의 만남과 트레블레프의 마지막 총성이 이어지지요.

짝사랑을 한 건 니나도, 아르카지나도, 폴리나도 마찬가집니다. 그런데 그녀들은 적어도 그에게 다가가 마음을 전합니다. 각자의 방식으로 상대가 자신에게 얼마나 간절한지를 알려주지요. 그러나 마샤는 그렇게 하지 못했습니다. 도린에게 고백하고 트리고린에게 털어놓으면서 정작 그 마음의 주인인 트레블레프에게는 눈길밖에 주지 못했지요. 마음을 열어보여도 돌아올 건 차가운 외면뿐임을 알았기 때문이겠지만, 그럼에도 그 허망한 사랑을 거두지 못해 산 채로 그림자가 되어버린 마샤가 저는 말할 수 없이 아픕니다.

___ 트레블레프

"나는 고독합니다. 그 어떤 애착도 나를 데우지 못하고, 지하 동굴에 있는 것처럼 추워요. 그래서 무엇을 쓰든 그 모든 것은 메마르고 음울하고 냉담합니다. 여기 남아주세요, 니나. 제발 부탁합니다. 아니면 당신과 함께 떠나게 해주세요."

《갈매기》의 트레블레프는 세 겹의 상처를 갖고 있습니다. 우선 그는 어머니에게 첫 번째가 아닙니다. 1막에서 그는 연인인 니나에 대한 것보다 어머니에 대해 훨씬 많이 얘기합니다. 어머니가 왜 자신과 자신의 연극을 못마땅해 하는지를 삼촌 소린에게 자세히 설명하지요. 중년이지만 나이보다 훨씬 어려보이는 배우인 어머니에게 25살 먹은 아들의 존재는 경력과 미모의 끝을 상기시키는 흉한 증거일 수밖에 없다는 것을 그 이유로 듭니다. 오랫동안 곰곰이 생각한 것이 느껴집니다.

극중극이 시작하기 전 아르카지나가 햄릿 어머니인 거트루드의 대사를 짧게 하자, 트레블레프가 그에 화답해 햄릿이 어머니의 부정을 탓하는 대사를 하지요. 아버지가 아닌 나쁜 남자에게 어머니를 빼앗겼다는 점에서 트레블레프와 햄릿은 겹쳐집니다. 두 사람 모두 어머니에게 원하는 만큼 사랑받는 데 실패한 아들입니다. '나는 어머니를 이런저런 허물에도 불구하고 사랑하는데, 어머니는 내가 안중에 없고 날 싫어해.'

니나는 그렇게 서럽던 그에게 나타나 오색 찬란한 "꿈을 선사한 마법사"였습니다. 그런데 그녀마저 어머니의 애인에게 빼앗기고 말지요. 그것이 트레블레프의 두 번째 상처입니다. 그녀는 자신의 사랑과 예술을 하나로 완성해 줄 거라 믿었는데, 그 기대를 확증할 첫 무대를 제 손으로 부숴버리고 말지요. 자리를 박차고 나간 트레블레프는 아마 니나가 자신을 찾아 따라오기를 바랐을 겁니다. 그런데 정작 애타게 자신의 이름을 부르며 쫓아온 건 검은 옷의 마샤였고, 니나의 눈길은 한순간에 엉뚱한 남자에게 옮겨가 버린 것을 알게 됩니다. 죽겠다는 위협도 소용이 없었고, 그는 다시 동그마니 혼자 남겨집니다.

또 하나, 트레블레프를 끝까지 아프게 한 것은 자신이 하잘 것 없고 아무것도 아닌 일개 소시민이라는 사실입니다. 그는 1막에서 니나를 기다리며 삼촌에게 어머니가 유명한 배우가 아니라 평범한 여인이라면 자신이 더 행복했을 거라며, 자신의 볼품없음을 한탄합니다. "사정 때문에 학부 3학년 때 대학을 그만 두었고, 아무 재능도 없고, 돈도 한 푼 없고, 여권에는 키예프의 소시민"이라고 되어 있으며, 그래서 "어머니의 객실에서 유명한 배우와 작가들이 제게 호의적인 관심을 보일라치면, 그들이 저의 하잘 것 없음을 나름대로 재단하고 있다는 생각이 드는 것입니다." 그 열등감이 4막에서 다시 트리고린과 마주치고 니나와 만났을 때도 변함없이 작동합니다. 아마 트레블레프는 니나가 모스크바로 떠난 뒤에도 그녀의 행적을 좇으면서 한편으로는 '내가 트리고린보다 위대한 작가가 되면 니나가 내게 돌아올지 몰라'라고 생각해 강박적으로 새로운 형식의 글쓰기에 매달렸을지도 모릅니다.

그런데 4막에서 니나가 등장하기 전 트레블레프는 작업실에서 혼자 그동안 쓴 글을 훑어보며 불현듯 깨닫습니다. "문제는 낡은 형식이나 새로운 형식에 있는 것이 아니라, 인간이 쓴다는 것에 있어." 그리고 자신을 찾아온 니나를 만나 그녀가 1막에서 공연하다 만 독백을 자신을 유일한 관객으로 삼아 온 마음으로 연기하는 것을 봅니다. 대사를 다 마치지 않은 채 니나가 돌발적으로 그를 포옹하고 유리문으로 달려 나가자 말없이 자신의 원고를 찢은 후 퇴장하고, 잠시 후 무대 뒤편에서 총성이 들립니다. 아마도 그 순간 트레블레프는 "목숨 가진 모든 것들은 슬픈 순환을 마치고나서 죽어버렸다"는 자신이 쓴 대사처럼 자기 몫의 슬픈 순환을 마쳤다고 느낀 모양입니다.

《갈매기》를 두고 안톤 체호프는 "포르테에서 시작해 피아니시모로 끝나는" 작품이라 말했다고 합니다. 니나와 함께 야심차게 준비한 새로운 형식의 진정한 연극을 가까운 사람들 앞에서 공연하면서 비로소 사랑과 열정의 두 날개를 쭉 펴고 하늘로 날아오르기를 기대하는 1막 도입부의 트레블레프가 포르테라면, 이후 4막까지 그는 그 정점에서 점진적으로 추락합니다. 공연은 중단되고, 니나가 손에서 미끄러지고, 자살이 미수에 그치고, 니나가 정말로 떠나고, 피지도 못한 채 버림받는 그녀를 지켜보고, 그러면서 버티며 계속 쓰고, 돌아온 니나를 만나고, 그러나 그녀는 트리고린을 더욱 사랑하고, 아주 잠시 일생 동안 꿈꾸던 순간을 맛보나 싶었지만 그녀를 눈앞에서 다시 잃고, 쓰는 일조차 더는 그를 버텨주지 못하고, 자신의 유일한 흔적을 파기하고, 보이지 않는 곳에서 탕! 피아니시모의 단말마입니다.

▪ 니나

"한 호숫가 마을에 마치 당신 같은 젊은 아가씨가 어릴 적부터 살고 있어요. 갈매기처럼 호수를 사랑하고, 갈매기처럼 행복하고 자유롭죠. 그런데 우연히 한 사내가 와서 보고는 이유도 없이 그녀를 파멸시킵니다. 마치 이 갈매기처럼 말이죠."

2막 끝에 트레블레프가 쏘아 죽인 갈매기를 보고 영감이 떠올랐다며 트리고린이 니나에게 들려주는 이 이야기는 니나의 앞날에 대한 복선이기도 합니다.

1막에서 극중극으로 이야기를 시작해 4막에서 중단되었던 극중극을 마무리하는 구조를 취한 안톤 체호프는, 이처럼 이야기 안에 그것을 축소한 또 다른 이야기를 거울처럼 배치함으로써 《갈매기》를 드라마에 관한 드라마, 연극에 관한 연극으로 완성합니다. 그리고 니나는 트레블 레프가 쓴 연극의 배우이면서 동시에 트리고린이 상상한 이야기의 주인공이며, 최종적으로는 여러 인물 중 가장 극적인 변화를 체현하는 《갈매기》의 중심입니다.

니나는 소린의 영지 근처 대지주의 딸입니다. 시골에서 나고 자란 그녀는 소린처럼 도시의 활기와 영광을 꿈꾸며 더 큰 무대로 날아오르고 싶어 하지만 아버지가 발목을 잡습니다. 딸이 혹여 배우라도 될까봐 보헤미안들이 득실대는 소린가(家)에 가지 못하게 하는 거지요. 하지만 그녀는 원하는 것을 향해 거침없이 나아갑니다. 몇 번이고 장애물을 넘습니다. 1막에서는 트레블레프의 연극을 위해 아버지 몰래 숨이 턱에 차도록 뛰어오고, 2막에서는 트레블레프가 내미는 죽은 갈매기를 지나쳐 자신과 다른 세계를 산다 믿었던 유명인들의 일상에 접근합니다.

또 3막에서는 아버지를 떠나 모스크바로 갈 결심을 하고, 다른 사람의 연인인 트리고린에게 자신의 사랑을 고백하지요. 4막에서도 그녀는 움직임을 멈추지 않습니다. 비록 상향의 동선은 아니지만 고향에 잠시 머물렀다가 날이 밝으면 자신을 고용해준 이들을 위해 기차를 타고 엘레스로 갈 예정입니다. 3막까지는 니나의 비상을 막는 장애물이 외부의 것이었지만, 그 뒤로는 그녀의 삶 자체가 무거운 짐이 되어 그녀를 지치게 합니다.

검은 옷의 마샤가 느리게 작은 원을 그린다면, 하얀 옷의 니나는 가볍고 빠르게 움직이며 급히 치고 올라가다 정점에서 빠르게 꺾이는 직선의 운동을 보여줍니다. 두 사람이 서로의 거울상인 셈이지요.

그녀는 《갈매기》의 누구보다 '갈매기'이며 기꺼이 '갈매기'이기를 자처하는 인물이기도 합니다. 날개가 있어도 어디로든 날아가지 못하고 호수 주변을 맴돌다가 누군가 쏜 총에 맞아 떨어져 죽는 갈매기.

무대와 명성과 열정과 트리고린을 사랑한 니나는 그것을 향해 있는 힘껏 도약했습니다. 그 중 어떤 순간은 꿈이라 느껴질 만큼 달콤했고 어지럽도록 황홀했습니다.

"작가나 배우가 되는 행복을 위해서라면 저는 가까운 사람들의 미움, 가난, 환멸도 견디겠어요. 다락방에 살면서 호밀 빵만 먹고, 자신에 대한 불만과 스스로가 모자란다는 고통도 감수할 거예요. 하지만 그 대신 저는 영광을 요구할 거예요. 진정한, 세상을 떠들썩하게 할 영광 말이에요."

하지만 잔혹한 세상은 호수를 뒤로 하고 날아간 그녀에게 세상을 떠들썩하게 할 영광만 빼고 그녀가 상상한 고통을 모두 안겨주었습니다. 트리고린이 그녀를 배신했고, 아이를 놓쳤으며, 무대에서도 썩 괜찮은 배우가 되지 못해 명성은커녕 밥벌이를 궁리해야 했습니다.

그래도 그녀는 멈추지 않습니다. 운명은 갈매기를 쏘아 떨어뜨렸지만 그녀는 솟구쳐 날아오를 때 그랬듯이 땅에 떨어져 숨을 거두는 순간까지 추락하면서도 태양에서 눈을 떼지 않습니다. 오히려 멀어진 만큼 더 뜨겁게 타오릅니다.

"난 이제 진짜 배우예요. 기쁨과 희열을 가지고 연기하고, 무대에 도취하며, 나 자신이 아름답다고 느낍니다. 그리고 지금, 내가 살아있는 동안에 나는 계속 걷고 또 걸으며 생각하고 또 생각해요. 그리고 날마다 나의 정신적인 힘이 성장하는 걸 느껴요. 이제 난 알아요, 코스챠. 우리가 하는 일에서, 그것이 무엇이든 간에, 무대에서 연기를 하든 글을 쓰든 간에 중요한 것은 영광이나 광채가 아니에요. 내가 열망했던 것이 아니라, 참을 수 있는 능력이에요. 자신의 운명을 지고 나아가거라. 그리고 믿어라. 난 믿어요. 그래서 난 그렇게 아프지 않아요. 나의 사명을 생각할 때면, 난 삶이 두렵지 않아요."

그리고 1막에서 못다 한 연극을 오직 트레블레프 한 사람을 위해 짧게 공연한 다음, 돌발적으로 그를 포옹하고는 무대 밖으로 달려 나갑니다.

"목숨 가진 모든 것들은 슬픈 순환을 마치고나서 죽어버렸다."

이 극중극의 대사가 그녀의 퇴장 뒤에 제게 남는군요.
니나는 이카루스입니다. 아버지 다이달로스의 미궁에서 태양을 향해 희망차게 창공으로 날아올랐지만 얼마 못 가 추락할 수밖에 없었던, 그러나 그조차 힘껏 껴안은, 그래서 그림자로 사위지 않고 바다의 포말로 산산이 부서져버리는 뜨거운 여인입니다.

아르카지나

소린의 동생이자 트레블레프의 엄마이며 트리고린의 연인인 아르카지나는 그 무엇보다 배우입니다. 그녀는 43살이지만 여전히 모스크바에서 무대에 서고 젊은 관객의 호응을 이끌어내며 신문에 자주 기사가 실리는 유명한 연기자이지요.

그녀는 18살에 아이를 낳았고, 부모가 모두 배우인 그 아들이 스물다섯이 되어 삼촌과 엄마와 그녀의 애인을 비롯한 가까운 사람들 앞에서 자신이 쓰고 연출한 공연을 선보이는 게 《갈매기》의 시작입니다.

여느 엄마라면 아들에게 일종의 데뷔랄 수도 있는 무대를 긴장하며 지켜보았을 텐데, 엄마보다 배우인 아르카지나에게 그 공연은 두 가지 이유로 맘에 들지 않습니다. 아들이 설득력 없는 작품으로 자신과 자신의 연극을 볼썽사나운 것으로 매도하며 가르치려 드는 것 그리고 연인인 트리고린과 니나 사이에 심상치 않은 기류가 흐른다는 게 그것입니다. 그래서 트레블레프가 스스로 중단하도록 짐짓 모른 체하며 공연을 훼방합니다. 자신에게 도전하는 것을 참을 수 없기 때문입니다.

그녀는 자신의 생각와 감정을 있는 그대로 드러내지 않습니다. 오랜 세월 매력과 재능을 겸비한 배우로 살면서 사람들의 시선과 환호를 한 몸에 받는 데 익숙해진 그녀는 무대가 아닌 현실에서도 연기를 놓지 못합니다. 앞으로 얼마나 더 오래 무대에 설 수 있을지 알 수 없기에 그녀가 불안에 쫓기는 건 당연합니다. 하지만 그럴수록 그녀는 자신의 매력과 재능을 한껏 과장하고 과시하며 아무런 걱정근심이 없는 척, 너그럽고 즐거운 척 연기를 합니다.

그리고 모은 돈을 꼭 쥐고 다른 사람에게 함부로 쓰지 않습니다. 트리고린이 니나에게 눈길 주는 걸 알면서도 그에게 니나를 소개하고, 맘에도 없는 칭찬으로 니나의 연기를 추어주며, 자살을 시도한 아들을 염려하면서도 그를 위해 돈쓰기를 거부하는 행동을 그런 맥락으로 읽을 수 있습니다.

그리고 그녀는 사람의 마음을 잘 조종합니다. 물론 소린 영지의 관리인인 샤므라예프는 예외여서 몇 번이고 그에게 모욕당하지만, 그녀는 자신을 좋아하거나 자신이 좋아하는 사람을 매우 다정한 방식으로 통제합니다. 새 붕대를 감아줄 때 아들이 말한 에피소드도 그렇고, 오빠 소린을 대할 때도 마찬가지입니다.

아르카지나의 통제력이 가장 빛나는 장면은 3막에서 트리고린이 니나에게 마음을 뺏겼음을 고백하며 친구로 남아주기를 청했을 때입니다.

"나한테 거리낌 없이 다른 여자 이야기를 할 만큼 내가 벌써 그렇게 늙고 추한 거야? (그를 끌어안고 키스한다) 아, 당신은 정신을 잃은 거야! 나의 멋지고 경이로운 사람! 당신은 내 인생의 마지막 페이지야! (무릎을 꿇는다) 나의 기쁨, 나의 긍지, 나의 열락. (그의 무릎을 끌어안는다) 만일 당신이 한 시간만이라도 나를 버리면, 난 견디지 못하고 미쳐버릴 거야. 나의 멋지고 훌륭한 국왕이시여."

상대가 하기 전에 먼저 자신을 바닥까지 낮추고 다른 사람의 시선 따위 중요하지 않다는 듯 그에 대한 절실한 필요를 몸과 말로 어필하면서 상대를 가장 높은 곳에 올려놓습니다. 트리고린이 무릎 꿇은 그녀를 일으키자 그녀는 다시 그의 손에 키스하며 세뇌시키듯 그에 대한 소유권을 주장합니다.

"당신은 내 거야. 내 거라고. 이 이마도 내 거고, 눈도 내 거고, 이 비단결 같은 머리틸도 내 거야. 당신의 모든 게 내 거야."

그리고 작가로서 트리고린의 의미를 "러시아의 유일한 희망"이라며 한껏 치올리고는 다시 그에 대한 독점권을 주장하면서 그에게 선택권을 주는 듯 마무리합니다.

"나 혼자만이 당신을 평가하고, 나 혼자만이 당신한테 진실을 말할 수 있어. 사랑스럽고 뛰어난 나의 사람. 갈 거지? 그렇지? 날 버리지 않을 거지?"

아르카지나의 기세에 압도된 트리고린이 "날 데려가, 데려가라고. 한 걸음도 자기한테서 떼어 놓지 마"라고 승복하자 그녀의 반응이 압권입니다.

"(혼잣말로) 이제 저 사람은 내 거야. (거리낌 없이, 아무 일도 없었던 것처럼) 하지만 만일 원한다면 남아 있어도 좋아. 나 혼자 갈 테니, 일주일 후에 와. 사실 딩신은 서둘 이유가 없잖아?"

그녀가 트리고린을 사랑했는지 잘 모르겠습니다. 하지만 그게 사랑이건 욕망이건 혹은 액세서리로서의 필요건 그녀가 그를 절박하게 원했던 것만큼은 확실하며, 그녀는 자신이 원하는 것을 뺏기지 않기 위해 무엇이든 할 수 있고, 또 그것을 매우 효율적으로 해내는 유능한 인물입니다.

그래서 3막과 4막 사이에서 니나에게 트리고린을 잠시 내주지만 4막에서는 당당하게 그의 팔짱을 끼고 소린의 영지를 다시 찾게 됩니다. 도른이 일찌감치 그런(1막에서는 아들의 연극을 못마땅해 하는) 그녀를 향해 "주피터여, 화가 나셨구려"라고 하자 아르카지나는 "난 주피터가 아니라 여자예요"라고 답합니다.

제겐 둘 다 옳다고 보입니다. 《갈매기》의 아르카지나는 여자 주피터입니다. 화려하고 매력적인 외모에 사람들을 쥐락펴락하는 카리스마가 대단하고 겉으로 드러내는 것과 속으로 느끼고 바라는 바가 다를 때가 많은, 배우이자 여자이지만 엄마이기도 한, 이 복합적인 인물을 연기하기란 매우 까다로울 수밖에 없겠습니다. 또 그래서 많은 이들이 탐낼 수밖에 없을 테고요.

__ 아무렇지 않은 듯 그러나 아무렇지 않지 못한

28년 동안 공무원으로 일하다 퇴직한 예순 살의 소린은 평생 결혼과 문인이 되기를 꿈꾸었지만 "언제나 흠뻑 취한 것 같은 외모" 때문에 한 번도 여자들에게 사랑받지 못했고 판에 박힌 일상의 연속으로 글을 쓰지도 못했습니다. 지금은 빠듯한 연금으로 조카를 벗해 시골에서 지내지만 맘으로는 화려한 도시로 나가 살기를 바라지요.

영지 관리인 샤므라예프의 부인인 폴리나는 남편이 아닌 의사 도른을 사랑합니다. 뚜렷이 명시되진 않지만 그녀의 딸 마샤의 생물학적 아버지 역시 샤므라예프가 아니라 도른일 가능성이 큽니다. 폴리나는 그녀의 "시대가 떠나가는" 것을 보면서도 젊은 날 뭇 여인들의 로망이었던 도른과의 짧은 사랑을 잊지 못하고, 여전히 그의 눈길을 애타게 구합니다. 앞서 살펴본 마샤와 트레블레프와 니나와 아르카지나 역시 드라마 속에서 각자의 결핍과 집착 사이를 오가지요.

《갈매기》는 그렇게 "생명의 슬픈 순환"을 그리며 살아가는 우리들의 모습을 좀 먼발치에서 소묘합니다. 안톤 체호프의 작품은 "극장을 위한 희곡을 쓴 게 아니라 삶의 광경을 그렸다"고 한 연출가 C. 스타니 스라브스키의 말처럼, 가파른 갈등이나 극적 사건 없이 일상적인 장면 의 연결을 통해 그 배면의 어쩔 수 없는 생의 고통과 부조리가 객석으 로 스며들게 합니다.

> "사람들은 항상 서로를 쏘거나 목매달아 자살하거나 사랑을 고백하거 나 하지 않는다. 그들은 항상 분명한 것에 대해서만 이야기하지도 않는 다. 대부분 그들은 먹고 마시고 배회하고 무의미한 말들을 한다. 무대는 이것을 보여주어야 한다."

심리적 사실주의로 구분되기도 하는 작가의 이 같은 믿음은 그의 작품을 또 다른 부조리극으로 보이게도 하고, 독자로 하여금 텍스트를 넘어 서브텍스트를 읽어내는 데 온 힘을 쏟아야 하게끔 합니다.

《갈매기》에서 극적 사건이라 할 만한 것은 트레블레프의 자살시도 와 집을 떠난 이후 니나의 삶 그리고 트레블레프의 죽음 정도를 꼽을 수 있습니다. 그런데 돌이켜보면 신기하게도 이 사건들은 모두 무대 뒤 에서 벌어지고 관객에게는 후일담이나 음향 효과를 통해서 간접적으로 만 전달됩니다. 심지어 트레블레프가 목숨을 끊는 순간 무대에 있는 다 른 인물들은 카드놀이를 하고 있지요.

《갈매기》는 그렇게 아무렇지 않은 듯 살아가지만 각자의 결핍과 집착 사이를 왕복하며 결코 아무렇지 않지 못한 가여운 인생을 쓸쓸한 바람소리로 그려냅니다.

《갈매기》를 읽고 ___

　　《갈매기》가 여러분에게서 어떤 느낌과 생각을 불러일으켰을까요? 읽기에 따라 복잡하기도 단순하기도, 슬프기도 우습기도 한 작품이라 여러분은 어떻게 느끼셨는지 궁금하네요. 그 《갈매기》의 첫 인상을 그림으로 그려보겠습니다. 어떤 장면을 사실적으로 그리셔도 좋고 구체적인 형상 없이 색채나 추상적인 이미지로만 나타내셔도 좋습니다.

　　그런 다음에는 극에 나오는 인물들을 떠올리면서 그 중 가장 불쌍한 인물을 한 명 선택해보세요. 저는 앞에서 니나, 트레블레프, 마샤, 아르카지나까지 네 인물을 주로 살펴보았지만 그 밖의 인물 가운데 고르셔도 괜찮습니다. 사실 《갈매기》의 인물들은 누구 하나 가엾지 않은 이가 없을 만큼 저마다의 아픔을 버티고 있지요. 하지만 그 중에서도 조금이라도 더 아픈 인물을 한 명만 가려내주세요. 그리고 희곡 읽기를 함께 하는 분이 있으면 왜 그 인물을 택했는지, 어떤 점에서 그가 특히 가여운지에 관해 이야기를 나누셔도 좋겠습니다.

　　그렇게 어떤 인물이 어떻게 불쌍한지가 분명해지면, 이번에는 그 인물이 가장 불쌍한 장면을 상상합니다. 그건 희곡에 나온 장면일 수도 있고 희곡에 없지만 여러분이 상상한 장면일 수도 있답니다. 장면을 구체적으로 상상한 상태에서 그 상황 속의 인물의 심정을 독백으로 써보세요. 보통 희곡의 대사는 다른 인물에게 하는 말로 이루어져 있지요. 그런데 여기서는 그런 대화가 아니라 인물이 품은 속내를 혼잣말(monologue)로 표현하는 것입니다. 분량은 5~10문장 내외로 하되 필요한 경우에는 같은 문장이나 단어를 반복할 수도 있습니다. 예를 들면 이런 식일 수 있지요. 아래는 치유적 희곡 읽기 워크숍에 참여한 우정희 님이 쓴 독백입니다.

> [소린] (밭은기침을 한다) 죽을 날이 멀지 않은 게 분명해. 이럴 줄 알았으면 가는 날 손이라도 잡아 줄 사람 하나 있으면 좋을 텐데. 대체 난 지금까지 뭘 하고 산거야. 어린 날 만났던 소녀, 니나와 눈매가 똑 닮았던 그 소녀와 결혼해 아이를 낳았더라면, 지금 이렇게 서럽진 않을 텐데. 그 소녀는 내가 이야기를 들려주면 눈이 동그래지면서 어떻게 그런 상상을 했느냐며 감탄하곤 했지. 왜 내가 소녀와 헤어졌더라? 생각해보면 내가 뭐 그리 부족해서 결혼 못 한 것도 아닌데. 여자들은 참 눈도 없어. 28년간 한 직장에서 일하는 게 얼마나 우직하고 보람차고 대단한지를 모르는 거야. 나는 안 한 게 아니라 못 한 거다, 이 말이야. 결혼이고 문학이고 말이야. 내가 했으면 어땠겠어! 나는 재능이 있었어. 우리 집안에는 고귀한 문학가의 피, 예술가의 피가 분명 흐른단 말이야! 내 여동생을 봐. 그 아들도 봐! 하지만 이젠 너무 늦었어.

　　이번에는 인물의 독백을 소리 내어 읽어보세요. 글로 적었을 때와는 느낌이 또 다를 거예요. 그리고 그것을 녹음해서 들어보겠습니다. 이렇게 인물의 독백을 쓰고 말하고 또 듣는 이유는 거기 담긴 감정을 구체화하기 위함이랍니다. 가장 불쌍한 인물의 가장 가엾은 장면의 독백이니 아무래도 부정적인 감정일 텐데, 그 중에서도 특히 어떤 감정인지를 정확하게 명명해보세요. 앞서 예로 든 소린의 독백이라면 서러움, 외로움 등이 함께 있지만 아마도 가장 두드러진 감정은 회한이라 할 수 있겠지요. 상실감, 원망, 수치심, 외로움, 두려움, 공허감, 분노, 질투, 자괴감, 배신감, 좌절, 불안 등 다양한 감정을 떠올리면서 여러분의 인물이 느끼는 감정에 적절한 이름을 찾아주세요.

그런 다음에는 앞서 쓴 독백과 감정을 극중 인물이 아니라 여러분의 것으로, '소린의 회한'이 아니라 '나의 회한'으로 놓고 다시 한 번 살펴보세요. 여러 인물 중에서 특히 어떤 인물이 가엾게 느껴지는 건 해당 인물에 더 깊게 감정이입된다는 뜻이고, 그렇게 특정 인물에게 더 마음이 가는 까닭은 다시 여러분과 닮았다고 느껴지는 인물이기 때문일 가능성이 큽니다. 그래서 불쌍한 인물의 독백과 감정은 그를 선택하고 장면을 상상한 여러분 자신의 것이라고 보아도 무방한 것이지요. 연극치료에서는 이렇게 자기가 아닌 다른 것에 자신의 감정이나 생각을 옮겨놓는 것을 투사(projection)라고 합니다.

인물의 것에서 시작한 독백과 감정을 내 것이라 놓고 다시 보면 아마도 마음이 무거우실 거예요. 숨을 한두 번 깊이 들이쉬고 멈췄다 내쉬면서 긴장을 내보내보세요. 이번에는 새로운 역할을 드리겠습니다. 여러분이 있는 공간을 한 번 둘러보세요. 움직이기 어려운 좁은 곳이라면 앉은 상태에서 상상을 하셔도 좋고, 이동이 가능한 넓은 곳이라면 독백을 적은 종이를 책상이나 의자에 두고 거기서 가장 먼 데로 옮겨가보세요. 그 상태에서 여러분은 신(God)이 됩니다. 신으로서 《갈매기》에서 여러분이 택한 인물이 사는 모습을, 가장 불쌍한 장면을 중심으로 10~20초 정도 마음속으로 그려보세요. 영화를 본다고 상상하셔도 좋고요. 그렇게 인물의 삶을 지켜본 뒤에는 신으로서 그에게 필요하다고 여겨지는 말을 해주세요.

신은 인물로부터 충분히 멀되 인물을 충분히 아는, 지혜와 사랑을 두루 갖춘 역할로서 선택된 것입니다. 그것 역시 여러분의 감정과 생각을 옮겨놓는 투사로서 여러분 안에서 신에 가장 가까운 것을 끌어내는 작용이라 할 수 있지요.

끝으로 신이 인물에게 주신 말씀을 독백 아래 또박또박 적어보세요. 그리고 소리 내서 한 번 더 읽습니다.

리어왕

━ 내가 누군지 말해줄 자 없느냐?

여든을 넘긴 왕 리어는 왕위를 물려주고 여생을 즐기겠다며 세 딸에게 말합니다.

> "너희들 가운데 누가 제일 이 아비를 사랑하는가 말해 봐라. 효성이
> 지극한 딸에게 제일 큰 재산을 물려주겠다."

첫째와 둘째는 갖은 수사로 아비에게 사랑을 고하지만, 평소 리어가 가장 아끼던 막내는 할 말이 없다고, 그저 자식 된 도리로 사랑할 뿐그 이상도 이하도 아니라 답하지요. 이에 대노한 리어는 막내에게 주려던 재산을 다른 두 딸에게 나눠 주고 프랑스 왕에게 등 떠밀듯 시집을보내버립니다. 그러나 두 딸이 약속했던 극진한 사랑은 왕좌에서 내려온 아비의 것이 아니었고, 집과 돈과 사람을 잃은 리어는 폭풍우 치는황야를 헤매며 정신마저 놓아버립니다. 그리고 외칩니다.

"이것이 생시냐? 꿈이겠지. 내가 누군지 말해 줄 자 없느냐?"

곁에 있던 바보광대가 답하지요.

"리어의 그림자외다!"

행려병자 신세에서 막내딸에게 구원받은 리어는 오랜 잠에서 깨어나 정신을 차리고 참회합니다.

"내 잘못을 참아다오. 모든 것을 잊고 용서해다오. 난 늙고 어리석어."

그러나 작가는 가련한 부녀들에게 해피엔딩 대신 아비와 세 딸이 모두 죽는 참극을 선사합니다.

윌리엄 셰익스피어(William Shakespeare)의 4대 비극의 하나로 꼽히는 《리어왕》은 흔히 명철하지 못한 비극적 결함이나 표리부동에 관한 이야기로 알려져 있으며, 그 잔혹함과 선정성에서 세네카 비극의 영향을 보기도 하고 혹자는 신의 장난 속에서 속수무책으로 고통 받는 인간을 부각한 부조리극의 원조로 읽기도 합니다.

저는 리어의 하마르티아가 자존감의 결핍이라 봅니다. 일반적으로 자존감(自尊感)이란 자신이 사랑받을 만한 가치가 있고 원하는 것을 이룰 수 있는 사람이라 여기는 태도로, 자존감이 탄탄해지기 위해서는 '나는 어떤 과제를 성취할 능력이 있다'고 생각하는 효능감과 '나는 내 삶을 뜻대로 통제하고 있다'고 느끼는 조절감 그리고 '내 삶이 안전하게 운영되고 있다'고 믿는 안전감이 충족되어야 한다고 합니다.

그런데 곱씹을수록 기준이 꽤 까다롭습니다. 정작 높아야 하는 건 자존감인데, 그 기준이 하염없이 높아서 오히려 웬만해선 그 앞에서 쭈 그러들지 않을 자존감을 찾기가 어려울 듯합니다. 나는 내 힘으로 내 뜻에 따라 내 삶을 안전하게 꾸려가고 있고 하고자 하는 바 역시 잘 해 낼 수 있어. 자신 있게 이렇게 말할 수 있는 사람이 과연 얼마나 될까 요? 이래서야 자존감을 강조하는 것이 도리어 자존감을 낮추는 역효과 를 내지 않을까 염려가 되기도 합니다.

실제로 자존감이 낮은 이들은 대체로 자신이 사랑 받을 만하고 유 능하며 가치 있다는 것을 사실로 받아들이지 못합니다. 그 이유는 크게 두 가지로, 잘못된 가치 평가 방법이 첫 번째 장애물입니다. 성적으로 등수를 매기듯 자신의 가치를 타인과 비교해서 상위 몇 %에 속하는가 를 통해 확증하려는 것이지요. 그런데 그렇게 비교우위에 목매는 사람 일수록 기준이 매우 높다는 게 또 함정입니다. 평균 정도는 눈에 들어 오지도 않고 피라미드의 꼭대기가 되기를 스스로에게 요구하면서 그렇 지 못한 자신을 미워합니다. 비교 평가의 쳇바퀴를 굴리며 악순환을 멈 추지 못하는 것입니다.

자존감의 또 다른 장애물은 개인의 역사적 배경에서 찾을 수 있습 니다. 중요한 타인과의 관계를 통해 정체감이 발달하는 어린 시절에 건 강한 애착을 경험하지 못한 경우를 말합니다. 내가 뭘 잘 하거나 어떤 조건을 만족시켜서가 아니라 그냥 나라서 그 자체로 충분히 사랑 받은 기억이 빈약한 것입니다. 그럴 때 우리는 자신을 뭔가 근사한 다른 것 으로 치장하려 들기 쉽습니다. 이렇게 하면 괜찮을까, 저렇게 하면 나 아보일까, 중요한 타인의 시선을 의식하며 잘 보이려 애쓰게 되지요.

그리고 그것이 성장한 후에도 다른 인간관계로 확장되어 타인의 시선과 평가에 지나치게 민감하고 의존하게 만듭니다.

지금까지의 이야기는 우리가 심리적 건강의 기본 조건처럼 말하는 자존감이라는 것이 그 기준부터 결핍의 원인까지 모두 비교와 평가에 근거한다는 이상하고 일관된 사실을 드러냅니다. 그런 맥락에서 저는 자존감을 '존중'이라는 새로운 눈으로 보고자 합니다.

존중(尊重)이란 높여 귀중하게 대한다는 말이지요. 높인다는 게 다소 억지스럽긴 하지만 대상을 귀히 여겨 정성스럽게 만난다는 뜻으로 이해할 수 있습니다. 그렇다면 그렇게 존중해야 할, 귀히 여겨 정성스럽게 만나야 할 대상은 누구일까요? 실제와 얼마나 부합하는가와 별개로 그 질문에 정답이 있다면 '누구든 무엇이든 존중해야 한다'일 것입니다. 어떠어떠한 사람이 아니라 어떤 사람이든, 사람뿐 아니라 동물과 식물까지, 생명 있는 것이라면 그게 어떤 형태든, 나아가 공기, 물, 흙, 기름 등 생명의 존속을 가능케 하는 자원까지, 어느 하나 존중의 대상에서 제할 수 없습니다. 존중은 대상의 자격에 따른 문제가 아니라 존재의 요구이기 때문입니다.

그런데 인간의 역사에서는 자본과 권력을 가진 소수가 자본과 권력 이외에 아무것도 존중하지 않는 야만의 시대가 지속되었고, 그 때문에 인류와 지구는 지금의 위기 상황에 처했지만, 여전히 인간중심적이고 자본 중심적인 태도를 버리지 못한 것이 현실입니다.

저는 심리치료에서 강조하는 자존감도 이런 맥락에서 중요하다고 생각합니다. 외부 대상은 존중하지 않으면서 자신을 존중한다거나 거꾸로 외부의 대상은 존중하면서 자기 자신은 함부로 대하는 것은 모두 어불성설일 수밖에 없지요. 존중이란 그 대상을 밖의 것과 안의 것으로 나눌 수 없는 거대한 생명의 그물망 그 자체를 향한 감사와 헌신이며, 귀히 여겨 정성스럽게 만나야 할 대상에서 자기 자신을 빠뜨리면 안 된다는 것입니다. 내가 남들보다 능력이 있어서, 남들보다 매력적이어서, 남들보다 중요해서 혹은 남들보다 선해서가 아니라, 생명의 그물망을 이루는 한 점으로서 다른 것들과 다를 바 없이 존재 그 자체로 존중 받아야 하며, 그렇게 비교나 평가와 무관하게 자기가 스스로를 소중히 다루는 것이 바로 자존감입니다.

그 같은 자존감을 가지려면 앞서 말한 두 개의 장애물을 치워야 합니다. 우선 지난 일은 바꿀 수가 없으므로, 지금 여기에서 내가 나의 가장 중요한 타인으로서 나를 있는 그대로 받아들여 존중하기로 결정합니다. 그리고 그 결정이 자신의 관점으로 몸에 배도록 일상의 구체적인 장면에서 부단히 연습합니다. 다른 사람과 비교하며 자신을 줄 세우던 습관이 하루아침에 사라지지는 않으니까요. 관성의 방향을 바꾸는 그 지난한 싸움에서의 작은 승리들을 사랑스러움과 유능함의 증거로 삼아 스스로 지지하고 기념하면서 조금씩 나아가는 것입니다.

그렇게 충분한 훈련이 지속될 때 자존감은 안정적인 심리적 구성체로 자리 잡을 수 있고, 그 단계를 지나면 자존감이 있는 사람은 외부의 압력이나 스트레스가 높은 상황이나 갈등과 대립이 고조되는 경우에도 크게 흔들리지 않고 적절하고 유연하게 대처하면서 자신의 잘못이나 실수를 인정함으로써 오히려 긍정적인 미래로 나아갈 수 있습니다. 다시 말해 자존감은 개인의 행위나 처한 조건에 따라 부침을 거듭하는 기분이나 태도가 아니라 삶을 경험의 기회로 받아들이는 자세 그리고 그 여행을 '나'라는 몸을 빌려 하게 되었다는 것에 대한 수긍과 감사에서 비롯되는 심리적 역량입니다.

《리어왕》에서 리어는 평생을 왕으로 살았습니다. 처한 조건으로만 보자면 자존감이 낮을 이유가 전혀 없는 인물이지요. 그럼에도 그는 자신이 누구인지 몰라 계속해서 바깥을 향해 묻습니다, 나를 얼마만큼 사랑하느냐고. 자신이 과연 사랑받을 만한지를 다른 사람을 통해 확인하려는 것입니다. 또 왕좌에서 내려와서는 모멸감에 몸부림치다 결국 현실을 외면하고 맙니다. 스스로를 존중하지 못하기에 존중이나 배려 따위 없는 황야를 견디지 못합니다. 그리고는 급기야 소리칩니다. 제발 내가 누군지 말해 달라고. 달콤하게 비춰주는 거짓 거울에 둘러싸여 맨몸의 자기를 만나지 못한 것입니다. 권세도 명예도 재물도 맨 몸에 덧씌워진 옷가지여서 벗겨지면 그뿐 더 이상 내가 아님을 보지 못한 탓입니다. 무엇으로도 치장되지 않은 나의 나신(裸身)과 마주하는 것, 그것이 자존의 출발이 되어야 합니다. 그렇지 않으면 흉터와 주름과 검버섯과 굽은 등을 바라볼 용기를 내지 못한 채 리어처럼 어리석게 늙어 참극을 부르거나 동화 「백설공주」의 계모처럼 무섭고 추하게 늙고 말 것입니다. 어쩌면 리어왕은 '잘 늙는 것(well-aging)'에 관한 이야기인지도 모르겠습니다.

＿ 리어, 실패한 아버지

《리어왕》은 끝까지 읽는데 세 시간이 족히 걸리는 긴 희곡이기도 하지만, 드라마의 참담함에 마음이 무거워지는 작품입니다. 사람이 겪을 수 있는 가장 뼈아픈 고통 중 하나가 자식을 앞세우는 것일 텐데, 리어는 세 딸의 죽음을 모두 보아야 했습니다. 그뿐인가요, 왕좌와 국토를 내주고도 아비로서 합당한 대우를 받지 못한 것쯤은 별스럽지 않게 느껴질 만큼 지독한 증오로 자신의 딸들에게 돌이킬 수 없는 저주를 퍼부었지요.

햄릿도, 오셀로도, 맥베스도 리어만큼 깊은 나락을 맛보진 않았습니다. 사랑한 모든 것을 남김없이 잃었을 뿐 아니라 사랑한 모든 이의 등에 칼을 꽂아 피 흘리게 한 대가로 그들의 주검을 밟고 선 최후를 맞아야 했지요. 리어가 거너릴에게 한 말입니다.

"자연의 여신이여, 들으라! 만약 이년의 몸에서 자식을 낳게 할 뜻을 가졌다면 그 뜻을 바꾸어라. 제발 이년을 석녀로 만들어라. 저년 몸속에 있는 생식의 기능을 말리고 저년의 타락한 육체에서 어미의 명예가 될 아이를 낳지 않게 하라! 부득이 애를 낳게 될 경우에는 미움으로 뭉친 아이를 낳아 저년에게 한평생 불효의 고통을 주게 하라! 그 자식으로 해서 젊은 이마에 주름이 지고 하염없이 흐르는 눈물로 두 뺨에 고랑이 패고 어미의 모든 노고와 자애는 조소와 멸시로 보답 받게 하라! (중략) 너 같은 년은 염병에나 걸려 뒈져버려라! 아비의 저주가 네년 몸 구석구석에 파고들어 영영 고칠 수 없는 상처가 되거라!"

리건에게 쫓겨나면서는 이렇게 말했죠.

"(소리 내어 운다) 두고 봐라, 이 짐승 같은 것들아, 무슨 수를 다해서라도 반드시 복수할 테다. 어떤 복수를 할지 아직 모른다마는 온 세상이 자지러지게 놀랄 그런 복수를 할 테다."

그뿐인가요, 아비에 대한 사랑을 과장하지 않은 코딜리어에게는 이런 말을 주었습니다.

> "아비의 부아를 끓게 하는 건 고사하고 너 같은 건 차라리 이 세상에 태어나지 않았어야 했어."

분명히 딸들이 다 잘 한 건 아니지요. 하지만 과연 이런 저주를 들어야 할 만큼의 악행일까 의문이 듭니다. 어쩌면 리어의 그런 완고한 자기중심성과 과도한 분노 ― 거너릴과 리건이 망령기라 말하는 ― 가 그의 불행을 완성한 동력일 것입니다.

그는 줄곧 딸들의 배은망덕을 얘기합니다. 그러나 거꾸로 보면 말년을 의탁하겠다 마음먹을 만큼 사랑한 막내 코딜리어와 일평생 충성을 바친 켄트를 한순간에 내친 그 역시 '남에게 입은 은덕을 저버리고 배신'한 데서는 거너릴과 리건 못지않습니다. 그럼에도 제 눈의 들보를 보지 못하지요. 그는 또 두 딸에게 거부당하고서야 코딜리어에게 저지른 잘못을 후회합니다. 그는 죽기 직전에 삼옥에 갇힌 채로라도 코딜리어와 함께라면 행복할 수 있을 듯 말하지만, 코딜리어가 자신을 위해 프랑스 군대를 이끌고 오지 않았더라면 그런 달콤한 재회가 가능했을까요?

저는 리어에게서 실패한 부모의 한 모습을 봅니다. 내가 낳아 키웠으니 내 뜻대로 하는 게 당연하다 믿는, 그렇게 스스로 자식보다 큰 사람인 듯 여기지만 자식과 맞서고 겨루어 이기려드는, 내 마음에 들게 하면 예쁘다 하고 내 뜻에 거스르면 밉다 하면서 조건 없이 사랑한다고 기만하는, "현명해지기 전에 늙어버린" 가엾고 추한 내 모습의 한 조각을 아프게 봅니다.

리어왕에 나타난 가장들

윌리엄 셰익스피어의 특징 중 한 가지는 가장(假裝)의 모티프를 즐겨 쓰는 것입니다. 《리어 왕》을 예로 들면 극의 출발점부터 가장놀이라 할 수 있습니다. 리어는 세 딸에게 어떻게 영토를 나눠줄지 이미 결정한 상태에서, 고백하는 사랑의 분량에 따라 유산을 달리 주겠노라고 일종의 게임을 제안하지요. 그 가장놀이는 리어가 왕권과 재산을 물려주고 왕위에서 내려오는 것을 기념하기 위한 유사 의식으로 볼 수도 있습니다.

거너릴과 리건은 아버지가 제시한 가장놀이의 규칙을 재빨리 받아들여 듣기 힘들 정도의 오글거리는 감언으로 아버지에 대한 사랑을 고백하고, 리어는 그들의 성의 있는 연기를 기쁘게 받습니다. 그런데 막내 코딜리어는 자식된 도리로서만 아비를 사랑한다는 말을 고집하며 아버지가 판을 벌이고 언니들이 동참한 가장놀이에 끼기를 거부합니다. 그녀의 대답은 틀림없는 사실이지만 그 진실성과 상관없이 규칙을 깨뜨림으로써 놀이 자체를 망치는 저항이며, 그에 분노한 리어는 놀이를 멈추는 데 그치지 않고 현실의 관계를 단절하는 파국을 선택하지요.

《리어 왕》의 드라마를 만드는 또 다른 가장은 서자 에드먼드의 것입니다. 그는 아버지를 사랑하는 척, 형 에드가를 걱정하는 척, 거너릴과 리건을 각각 사랑하는 척하면서 상속권 없는 서자에서 젊은 글로스터 백작을 거쳐 왕의 지위를 넘보기까지 성큼성큼 자신의 입지를 강화해 나갑니다. 이 같은 그의 행보는 자신의 욕망을 위해 대상을 희생시킨다는 점에서 놀이를 벗어난 악의적 가장이며 우리는 그를 두고 흔히 표리부동하다 말합니다.

《리어 왕》에는 그와 달리 상대를 위해 자신의 정체를 감추고 다른 사람인 척하는 인물이 둘이나 나옵니다. 코딜리어를 내치는 데 반대하다가 리어에게 쫓겨난 신하 켄트와 동생 에드먼드의 모함으로 아버지의 미움을 사서 쫓기는 신세가 된 글로스터의 장남 에드거가 그들이지요. 두 사람은 각각 낯선 사람과 거지로 분해 이전의 힘을 잃고 삶과 죽음의 경계에 놓인 주군과 부친을 곁에서 보살피며, 자기에게 해를 입힌 대상을 끝까지 돌본다는 점에서 이들의 행동은 희생적 가장이라 할 만합니다.

드라마 안팎을 오가는 독특한 인물, 바보광대 역시 《리어 왕》의 가장놀이에서 중요한 비중을 차지합니다. 바보광대는 가장을 업으로 삼는 인물입니다. 그에게는 놀이의 경계 내에서 거의 모든 것이 허용되며, 그래서 리어보다 높은 데서 그의 어리석음을 통렬하게 꼬집기도 하고 보잘 것 없는 존재의 슬픈 밑바닥을 거울로 비추며 쓸어주기도 합니다. 바보광대는 그렇게 "내가 누구인지 말해줄 자 없느냐?" 외치며 황야를 헤매는 리어 내면의 혼돈을 가장놀이라는 거리를 둔 형식으로 외화 하는 인물이며, 그래서 리어가 코딜리어가 있는 프랑스 진영으로 옮겨가기 전까지만 등장합니다.

《리어 왕》에서 마지막에 살아남는 인물은 − 중간에 사라진 바보광대를 제하면 − 켄트와 에드거뿐입니다. 가장놀이를 즐기지 못하거나 (코딜리어, 리어) 가장을 알아보지 못한 자(리어, 글로스터, 거너릴, 리건) 그리고 악의적으로 가장을 사용한 자(에드먼드, 거너릴, 리건)가 모두 죽음을 맞습니다.

그런 관점에서 《리어 왕》은 가장을 여러 얼굴을 늘어놓고 자기 자신과 다른 사람을 위해 어떻게 가장을 잘 사용할 것인가에 대한 이야기로 읽을 수도 있을 것입니다.

코딜리어, 공감하지 못한 자

리어의 이야기를 코딜리어에 초점을 두고 다시 읽어봅니다. 아버지가 "딸들아, 내게 말해다오. 너희들 중 누가 가장 나를 사랑한다고 말할 수 있겠느냐?"라고 할 때 코딜리어는 속으로 생각합니다. '난 뭘 해야 하지? 사랑하고 침묵할 뿐.' 곧 제 차례가 되어 리어가 "넌 무슨 (사랑의) 말하겠느냐? 말해보아라"라고 하자 "없습니다. 아버지"라고 대답합니다. 이에 심기가 상한 리어가 다시 한 번 묻지요. "아무 말이 없으면 아무 소득도 없지. 다시 말해보아라." 그러나 코딜리어는 거듭 말합니다. "불행하게도 소녀는 제 마음 속에 있는 것을 입에 올릴 줄 모릅니다. 소녀는 폐하를 자식된 도리로 사랑할 뿐입니다. 그 이상도 이하도 아닙니다."

물론 왕이자 아버지로서 자신이 가진 권위와 권력을 무기로 딸들에게 그에 걸 맞는 존경과 사랑을 요구하며 몇 마디 말로 애정의 크기를 재고 그것을 유산으로 맞바꿔주겠다는 리어의 발상 자체가 패착입니다. 아마도 리어는 딸들이 자신을 사랑한다면 가장 아름답고 정성스런 고백으로 자신을 흡족하게 하는 것이 마땅하다 여겼을 것입니다. 그래서 일부러 여러 사람이 있는 자리에서 일종의 의식으로 딸들이 자신에게 사랑과 충성을 맹세할 기회를 주었는지도 모릅니다.

실제로 희곡의 대사를 보면 딸들에게 묻기 전에 "알다시피 과인은 국토를 삼등분 해 놓았다"고 하고, 효성이 지극한 딸에게 제일 큰 재산을 물려주겠다는 말과 달리, 큰 딸 거너릴의 애기를 들은 다음 — 다른 딸들과 비교하지 않고 ― 곧바로 그녀의 몫으로 내정한 것을 유산으로 공표합니다. 그러니까 리어가 고작 말 몇 마디로 자신에 대한 사랑을 저울질할 수 있다고 믿은 심각한 얼간이는 아닐 수 있는 것입니다. 다만 자신을 가장 사랑하므로 당연히 가장 어여쁜 말로 충성을 맹세하리라 믿었던 막내딸에 대한 배신감에 충동적으로 부적절한 선택을 한 것이 그의 비극적 결함에 가깝습니다.

그런데 또 한 가지 안타까운 것은 리어가 가장 아낀 딸인 코딜리어가 아버지의 그런 불같은 성정을 몰랐을까 하는 점입니다. 자식된 도리로 사랑할 뿐이며 그 이상도 이하도 아니라는 코딜리어의 말은 그르지 않습니다. 듣는 이에 따라서는 오히려 그녀의 고백이 정확하고 진실하다 느낄 수도 있습니다. 그러나 신하들 앞에서 왕위를 내려놓는 그 자리에서 아버지 리어가 원하는 것은 그런 식의 진정성이 아니라 자신의 애정을 최대한의 수사로 공표하는 것임을 코딜리어는 분명히 알았을 것입니다.

그럼에도 그녀는 자신의 원칙을 고수합니다. 자신의 생각과 감정에 대해서는 추호의 과장 없이 정확해야 한다는 신념을 지킵니다. 딸의 냉담한 답변에 리어가 네 번이나 고쳐 물으며 다르게 말할 기회를 주었지만, 그녀는 번번이 아버지의 기대를 저버렸습니다. 정직과 진실이라는 자신의 원칙을 아버지보다 앞세운 것입니다. 적어도 그녀의 말처럼 아버지를 자식된 도리로서 사랑한다면, 자신의 원칙을 고수하기보다 아버지가 왜 이런 질문을 하는지 그 밑에 있는 마음을 읽어줄 수 있지 않았을까요? 너는 나를 어떻게 사랑하느냐를 묻는 것이 딸들의 입을 통해 재위하는 동안 자신이 쌓은 것을 확인받고자 하는, 이제 곧 권좌를 뒤로 하고 떠나야 하는 허허로운 마음을 그렇게라도 위무하고 싶은 한 늙은 남자의 허세임을 가엾게 여길 수는 없었을까요?

어쩌면 그것이 코딜리어 자신의 말처럼 아버지를 한 인간으로 보지 못하고 자식된 도리로서만 사랑한 그녀의 한계인지도 모릅니다. 만일 코딜리어가 한 발짝 물러서 말하지 못한 아버지의 약함에 공감했다면 이후의 비극은 없었을 것입니다. 리어왕의 비극에는 공감하지 못한 코딜리어의 몫이 분명히 있습니다.

___ 내 편과 공감

예전에 알고 지내던 사람 중에 남편을 늘 '내 편'이라고 말하는 이가 있었습니다. "내 편이 조금 이따 데리러 온다고 했어"라거나 "내가 어제 내 편한테 들었는데" 블라블라 하는 식이었죠. 20년도 훌쩍 더 지난 일인데 기억이 나는 걸 보면 그녀의 '내 편'이라는 말이 꽤 강한 인상을 남겼나봅니다.

실은 그때 전 좀 유치하다 느꼈습니다. 네 편 내 편을 가르는 것도 그렇고 배우자라고 해서 무조건 내 편이라고 할 수 있을까 하는 의문을 품었던 것도 같아요. 그런데 이 옛날 얘기를 끌어온 건 그녀뿐 아니라 우리는 예외 없이 '내 편'을 필요로 한다는 생각이 들어서입니다. 이건 공감에 대한 질문 끝에 도달한 답이에요. 왜 우리는 공감을 필요로 할까? 논리만으로는 왜 부족할까?

수십 년을 함께 산 부부가 있었답니다. 남편의 말은 항상 흠잡을 데 없이 논리정연 했어요. 하지만 아내는 그런 남편에게 숨이 막혔지요. 그래서 아내는 말했습니다. "그래요. 당신 말은 언제나 옳고 틀린 게 없어요. 그런데 난 그런 당신이 싫어요."

논리가 옳고 그름이나 개연성 여부를 따지는 것이라면 공감은 다른 사람의 감정을 함께 느끼는 것입니다. 합당한 논리를 갖춘 이야기에는 승복할 수밖에 없지만, 그렇다고 해서 그것이 마음에서 우러난 동의와 수긍으로 직결되지는 않습니다. 그를 위해서는 자신의 논리를 펴기 이전에 상대에게 공감할 필요가 있지요. '당신 마음이 이렇군요.' 그것이 정확할 경우 공감을 받은 이는 자신의 경험, 곧 자신의 감정과 생각을 알아주는 상대에게 저도 모르게 스르르 마음의 빗장을 열게 되지요. 다른 몸을 가진 타인이므로 별개의 정체인 자신의 경험을 모르는 게 인지상정일 텐데, 물리적 단절에도 불구하고 자신과 유사한 감정과 생각을 체험하는 상대에게 자동적인 유대감 혹은 연결감을 느끼는 것입니다. 공감이 상대로 하여금 '이 사람은 적이 아니라 내 편(on my side)이야'라고 판단하게 하기 때문입니다.

특히 이 같은 공감의 힘이 빛을 발하는 것은 갈등 상황입니다. 갈등은 흔히 나와 상대를 분명하게 편 갈라 양측을 모두 화해할 수 없는 극단으로 치달아가게 하지요. 그런 경우 빈틈없는 논리는 상대를 더욱 방어적으로 만들지만, 상대의 마음을 읽어 함께 느끼는 공감은 상처 입지 않기 위해 날카롭게 세웠던 가시를 눕히고 한 발 다가서게 합니다. 나그네의 외투를 벗기는 내기를 했던 바람과 해의 이야기가 떠오르네요. 그 우화에 빗대면 차가운 바람이 논리일 테고 따스한 햇볕이 공감에 가까울 것입니다.

그러니까 결국 우리가 누구나 공감을 원하고 공감에 목마르고 공감에 약하다면, 그것은 이 넓고 거친 세상에서 혼자라고 느끼기 때문일 것입니다. 그래서 외롭고 두렵고 추운 거죠. 또 그래서 누군가 나와 같이 느껴주면 거기서 안도와 위로를 얻고 그를 내 편이라 여기게 되는 것입니다.

든든하고 따뜻한 내 편을 원하는 마음, 유치하다 할 수는 있지만 무시할 수는 없는 우리의 보편적인 연약함입니다.

《리어왕》을 읽고 ▬

오늘은 리어의 전사(前史)를 상상하는 활동으로 시작해 보려 합니다. 전사란 해당 인물이 희곡에 등장하기 이전 그리고 극중에서 벌어지는 사건들 사이에 어떻게 살아왔을까를 상상하여 구성한 이야기라고 할 수 있습니다. 전사를 상상하는 것은 인물을 생생하고 믿음직하게 형상화하는 데 도움이 되기 때문에 특정한 인물을 극화하는 작업에서 즐겨 쓰는 리허설 기법입니다. 단 인물의 전사를 구성할 때 기억해야 할 점은 희곡에 이미 나와 있는 정보를 바탕으로 그에 어긋나지 않는 상상력을 펼쳐야 한다는 거예요.

이를 테면 리어의 경우 여든을 넘겼고, 딸이 셋이며, 그를 존경하며 섬기는 신하들이 있고, 성마르고 강퍅한 성격에, 왕비에 대한 이야기가 전혀 없다는 것 등이 텍스트에 주어진 정보라고 할 수 있겠지요. 여러분이 읽은 느낌에 따라서 리어가 딸들에게 왕권과 유산을 물려주겠다고 나서기 전에 어떤 인생을 살아왔을지 상상해보세요. 그리고 그것을 충분한 분량의 이야기로 써보세요. 그렇게 하고나면 도무지 마음이 가지 않던 인물이라도 이해할 만한 단서가 생길 것입니다.

아래는 치유적 희곡 읽기 워크숍에 참여한 진동희 님이 상상한 리어의 전사입니다.

리어는 엄격한 어머니 밑에서 자랐다. 그녀는 공정하고 의로웠으나 칭찬에 인색했다. 리어는 모친의 눈에 들기 위해 열심히 학문을 연마하고 무예를 익혔지만 그녀의 관심은 오로지 국사에만 치우쳐 있었다.

어머니의 관심과 인정에 목말라하던 리어는 그녀와 비슷한 성품의 아내를 맞이했다. 하지만 리어의 아내는 강직함과 더불어 상대를 따뜻하게 바라보고 품어주는 덕성을 갖추고 있었다. 덕분에 아내의 지지와 격려를 받으며 리어는 잠재력을 발휘할 수 있었고 성공적으로 영토를 확장해 나갔다.

그러나 안타깝게도 그의 유복한 결혼 생활은 오래가지 못했다. 셋째를 낳을 때 난산 끝에 회복하지 못한 부인은 그만 숨을 거두었다. 준비되지 않은 이별을 맞이한 리어는 비통함에 사로잡혔고, 자신을 두고 떠나간 부인을 원망했다. 시간이 흘러 막내가 꽤 자라서도 리어는 세 딸 중 부인과 가장 닮은 셋째를 볼 때마다 복잡한 심경에 사로잡혔다. 부인의 목숨과 맞바꾼 셋째가 미운 만큼 다른 누구보다 셋째의 존경과 사랑을 얻고 싶기도 했다. 하지만 어머니의 강직한 성격을 물려받은 셋째는 빈말을 할 줄 몰랐다. 어머니의 따뜻한 보살핌을 받았다면 어땠을지 모르겠으나, 셋째가 자란 세상에는 여색을 탐하고 전쟁을 벌이면서 사별의 상실감을 채우려는 아버지, 질투와 모략을 일삼는 후처들 밑에서 남을 믿지 못하고 자기 몫의 안전과 애정과 재산을 쟁취하려 다투는 언니들이 있을 뿐이었다. 그 가운데 셋째는 일찍이 인간사에 환멸을 느끼고 세상과 거리를 둔 채 수도승처럼 기도와 명상을 위안 삼아 하루하루를 살았다.

한편 세월이 흐르자 미친 듯 전쟁과 여자에 몰두하던 리어는 권력도, 영토 확장도, 여색도 자신의 마음을 채울 수 없다는 공허함에 사로잡혔다. 대신과 귀족들이 입에 발린 말로 그에게 찬사를 바치고 충성을 맹세했지만 그에게 필요한 것은 믿을 수 있는 단 한 사람의 진실하고 따뜻한 관심이었다.

늘그막에 그가 눈을 돌린 것은 자신이 방임했던 딸들이었다. 자신이 가진 가장 강력한 힘의 상징인 영토로 딸들의 마음을 다시 얻을 수 있을까? 사실 첫째와 둘째의 빈말을 그가 눈치 채지 못했을 리 없다. 그의 가장 큰 관심은 셋째의 반응이었다. 설마 이걸로도 꿈쩍하지 않는다고? 하지만 혹시는 역시로, 셋째의 강직한 말은 그의 자존심을 무너뜨렸고, 리어는 속절없이 떠난 부인에게 복수하듯 셋째를 쫓아내며 마음속으로 외친다. '이젠 내 차례야. 나에게 상처만 남기고 매정하게 떠나 버린 당신, 이제 내가 당신에게 이별을 고하겠어. 이 나쁜 년, 썩 꺼져버려!'

전사를 쓰고 나니 리어라는 인물이 좀 달리 보이지 않으세요? 이제 여러분의 경험을 살펴보려고 합니다. 누구나 살면서 절로 무릎이 꺾일 만큼 힘든 순간들이 있지요. 또 그때 마침 누군가 내 마음을 알아주고 따뜻하게 품어주어 다시 일어설 힘을 얻었던 적이 분명히 있겠지요? 그렇게 여러분이 깊이 공감 받았던 장면을 떠올려보세요. 언제였는지, 어떻게 힘들었는지, 누가 곁에 있었는지, 내가 어떻게 했는지, 그가 어떻게 반응했는지, 그래서 어떻게 되었는지, 공감의 반응 중에 어떤 말이나 행동이 가장 좋았는지 등을요. 함께 하는 분이 있으면 이야기를 나누시고, 혼자라도 그 일을 소리 내서 말로 회상하면서 녹음하셔도 좋겠습니다.

그런 다음에는 여러분이 경험한 공감의 느낌을 특정한 감각을 자극하는 이미지로 변형해보세요. 그러니까 이런 식입니다. 폭신한 양털 슬리퍼, 따끈하고 알싸한 생강차, 향긋한 비누거품 가득한 욕조, 허밍으로 부르는 자장가, 머리를 쓰다듬고 등을 토닥이는 손, 오래된 나무 십자가 등. 그게 바로 여러분이 원하는 공감의 상징에 가까울 거예요.

리어가 딸들에게 원한 공감은 무엇이었을까요? '그동안 정말 애쓰셨어요. 아버지가 아니면 누구도 그렇게 해내지 못했을 거예요. 아버지가 자랑스러워요', '아버지는 제게 정말 소중한 분이에요. 사랑합니다', '아버지 덕분에 저희가 평안할 수 있었어요. 이제 무거운 짐 내려놓고 편히 쉬세요. 정말 감사합니다', '막상 왕좌에서 내려오시려니까 헛헛하고 불안하시죠? 저라도 그럴 것 같아요. 힘들 때는 저에게 기대세요. 제가 멀지 않은 곳에 있다는 거 잊지 마시고요' 이 중 하나일 수도 있고 어쩌면 전부일 수도 있겠지요. 리어가 알아주길 원한 마음을 이렇게 두어 문장으로 정리해보았는데, 여러분의 마음은 어떤지를 잘 들어보겠습니다. 앞서 회상한 공감 받은 경험과 공감의 상징에 집중해서 내게 필요한 공감의 메시지가 무엇인지를 찾아보세요.

이제 공감이 아닌 다른 주제로 넘어가볼게요. 《리어왕》에서 가장 강렬한 이미지는 아마도 리어가 두 번째로 찾아간 거너릴의 집에서 쫓겨나 반쯤 넋이 나간 채로 폭풍우 치는 밤에 황야를 헤매는 장면일 것입니다. 드라마가 시작할 때 누구도 넘볼 수 없는 세상의 꼭대기에 있던 그가 왕관과 재산과 군대와 권위와 사랑(이라 믿었던 것)과 집을 잃고 급기야 제정신마저 놓친 미친 늙은이로 급전직하해 한 번도 경험한 적 없는 생의 밑바닥으로 내팽개쳐지지요. 거기서 그는 묻습니다. "내가 누군지 말해줄 자 누군가?"라고. 왕관을 쓰지 않은, 재산이 없는, 부릴 군대가 없는, 떠받들어줄 신하가 없는, 사랑을 맹세하는 딸들이 없는, 비 피할 따뜻한 처소조차 갖지 못한 자신을 한 번도 만난 적 없을 뿐더러 일생 동안 자기 자신을 그 같은 소유물과 역할과 동일시해왔기 때문입니다. 그래서 그런 것들 없이는 자신이 누구인지 말할 수 없고 벌거숭이인 자기를 존중하는 것은 더구나 상상조차 할 수 없습니다.

그저 경험의 대상일 뿐인 소유와 역할을 자기와 동일시하는 데서는 우리도 자유롭기 어려울 것입니다. 그렇게 내가 나라고 믿어 온 것들에 무엇이 있는지를 헤아려 보겠습니다. 먼저 누군가의 배우자나 부모나 자녀라는 가족의 역할이 있지요. 또 직업과 관련한 역할도 무게가 상당할 것입니다. 그와 관련해 성취한 업적이나 지위가 있고, 동산과 부동산을 포함한 재산이 중요할 수도 있습니다. 또 개인에 따라서는 종교나 취미, 기호, 신체 등에서 비롯된 역할이 맨 앞에 나올지도 모릅니다. 그것들을 한 줄로 길게 써보세요.

그런 다음에는 이렇게 말해보겠습니다. "무엇이 아니어도 나는 여전히 나다. 나는 그런 나를 존중한다." 앞에서 작성한 목록에서 가장 가벼운 것부터 하나씩 천천히 해보세요. 가령 이런 식일 것입니다.

- 연극치료사가 아니어도 나는 여전히 나다.
  나는 연극치료사가 아닌 나를 존중한다.
- 성공하지 못해도 나는 여전히 나다.
  나는 성공하지 못한 나를 존중한다.
- 여행을 하지 못한다 해도 나는 여전히 나다.
  나는 여행을 하지 못하는 나를 존중한다.
- 뚱뚱해도 나는 여전히 나다.
  나는 뚱뚱한 나를 존중한다.
- 남편이 없다 해도 나는 여전히 나다.
  나는 남편이 없는 나를 존중한다.
- 혹여 걷지 못한다 해도 나는 여전히 나다.
  나는 걷지 못하는 나를 존중한다.
- 아들이 나를 사랑하지 않는다 해도 나는 여전히 나다.
  나는 아들에게 사랑받지 못하는 나를 존중한다.
- 기억을 잃어도 나는 여전히 나다.
  나는 기억을 잃은 나를 존중한다.

크게 어렵지 않게 받아들여지는 것도 있고 말을 하면서도 마음은 한사코 흔들리기도 하고 아예 말할 엄두도 나지 않는 것도 있으실 겁니다. 소유와 역할 일체를 흔쾌히 벗어내지 못하더라도, 이렇게 내가 나라는 옷걸이와 분리하지 못하는 옷가지가 무엇인지를 확인하는 것만으로도 의미가 있지 않을까, 위안해봅니다.

욕망이라는 이름의 전차

▬ 블랑쉬 드부아, 길 잃은 사람

테네시 윌리엄스(Tennessee Williams)의 희곡 《욕망이라는 이름의 전차》는 몰락한 남부 귀족 가문 출신인 블랑쉬 드부아가 의탁할 곳을 찾아 여동생의 집을 방문하는 장면으로 시작합니다. 그녀는 불안한 눈빛으로 행인에게 길을 묻지요.

유니스 : 무슨 일이죠? 길을 잃었나요?
블랑쉬 : 사람들이 욕망이라는 이름의 전차를 타고 가다가 묘지라는 전차로 갈아타서 여섯 블록이 지난 다음, 극락이라는 곳에서 내리라고 하더군요.

그렇게 주소지를 찾아 왔지만 그 곳은 그녀가 맘속에 그렸던 곳과 너무도 달랐습니다.

"솔직히 말할게! 최악의 악몽 속에서도 결코, 결코, 그려본 적 없는, 그래, 포! 오직 에드거 앨런 포만이 제대로 묘사할 수 있을 거야."

심리적으로도 물리적으로도 그녀는 길을 잃은 것입니다. 작가는 길 잃은 사람이라는 이 역할을 다양한 방식으로 관객에게 전합니다. '꿈(Belle rêves)'이라는 흰 기둥이 즐비한 고향의 대저택을 남의 손에 저당 잡히고, 그녀는 제대로 된 방 두 칸도 없는 남의 집에서 객식구가 되어 있습니다. 그런데 그녀는 자신의 처지가 그렇게 된 것을 남의 탓으로 돌립니다. 뜨거운 욕조에 몸을 담근 그녀는 이렇게 노래하지요.

"하늘빛 물이 있는 곳에서 그 자들은 처녀를 잡아왔다네!"

악의적인 누군가들이 자신을 "원하지도 않고, 지내기도 창피한 이곳으로" 납치한 거라, 그러니까 자신은 일방적인 피해자라 여기는 것입니다. 거기서 탈출하기 위해 그녀는 구원자를 기다립니다. 어둠 속에서 자신을 홀연히 건져내 빛으로 다시 데려다 줄 뭔가를 앙망하고, 그것이 사랑의 얼굴을 하고 나타날 거라 믿었지요.

"어린 소녀였을 때죠. 열여섯에 발견했어요. 사랑을 말이죠. 갑자기 너무 완벽하게요. 반쯤 그늘에 잠겨 있던 뭔가에 갑자기 눈부신 불을 켜는 것 같았어요."

그녀는 그 사랑의 등을 본 뒤에도 환상을 놓지 못하고 자신이 가르치는 아이들을 통해 대신 꿈을 꿉니다.

"하지만 얼마나 귀여운 데요! 봄이 되어 아이들이 처음으로 사랑을 발견하는 걸 보면 감동하곤 해요! 일찍이 누구도 사랑을 몰랐던 것처럼!"

하지만 그럴 수 없는 지금은 사랑의 외피를 쓴 어떤 것에도 혹할 준비가 되어 있습니다. 백만장자를 만나기 바라며 마이애미로 휴가를 다녀오기도 하고, 병든 홀어머니와 함께 기름때 묻히고 사는 남자와 결혼을 바라기도 하지요. 그것이 진짜가 아님을 알지만 크게 상관없습니다.

"마분지 바다를 항해하는 종이 달이라고 할지라도, 당신이 나를 믿어주신다면, 그건 가짜가 아니랍니다."

이렇게 노래하지만, 그녀에게 정말 필요한 것은 믿음이나 환한 불빛을 가려주는 종이 갓이 아니라 눈물입니다.

블랑쉬 :   슬픔이 진실을 가져오나 봐요.
미치 :   슬픔은 분명 사람에게서 진실을 끄집어내요.
블랑쉬 :   얼마 안 되는 진실이나마 슬픔을 경험한 사람만이 갖고
            있죠.

그녀는 알고 있는 그것을 스스로 하지는 못했습니다. 슬퍼하지 않았지요. 슬퍼하기가, 눈물 흘려 아파하기가, 잃은 것을 받아들이기가 두려워서 고통의 자리에서 도망쳤습니다. 그래서 길을 잃고 종내 제자리

를 찾지 못한 채 끝나고 말았지요. 그래서 '길 잃은 사람' 블랑쉬 드부 아의 또 다른 역할은 '슬퍼하지 못한 사람'입니다.

블랑쉬 드부아, 아픈 사람

미시시피 주 벨레브에 큰 농장을 배경으로 하얀 기둥이 즐비한 저택에 살던 16살 여자아이가 있었습니다. 아름다운 것에 쉽사리 경도되던 아이는 저보다 한두 살 많은 시 쓰는 소년에게 빠져 둘이 도망을 쳤지요. 하지만 얼마 안 가 집으로 돌아와 결혼식을 올리고 함께 지냈습니다. 여자아이는 뭔가 빠진 듯한 둘의 관계가 꺼림직 했지만 그럴수록 소년을 더 기쁘게 해주려고 애썼지요. 그런 어느 날, 비어 있는 줄 알고 들어간 방에서 소년과 한 남자가 같이 있는 광경을 보았습니다. 당황한 세 사람은 그 길로 차를 타고 카지노로 가서 진탕 술을 마시고 춤을 추었답니다. 그러다가 소년이 밖으로 나간 후 금세 총성이 들렸고 뒤통수가 날아간 그의 마지막 모습을 본 소녀는 부대에 올라가 소리쳤습니다.

"난 봤어! 난 안다고! 역겨워!"

그 뒤로 소녀는 대학에 들어가 졸업을 하고 근처 고등학교에서 영어를 가르치며 이십 대를 맞았습니다. 그런데 죽음의 행렬은 멈추지 않고 계속되었습니다. 그녀의 아버지가 가장 먼저 돌아갔고, 그 뒤에 곧 동생이 고향을 떠났지요. 아버지에 이어 어머니가, 그리고 연거푸 하나 남은 동생이 그녀를 떠났고, 나중에는 늙은 사촌마저 세상을 등지면서 그녀는 그야말로 혼자가 되고 말았습니다. 게다가 그 과정에서 그녀의 삶을 담아주던 벨레브의 저택마저 저당 잡혀 다른 이의 것이 되어버렸지요.

10년 남짓 세월 동안 사랑하는 이를 다섯이나 떠나보내고 집마저 잃은 그녀는 더 이상 예전의 소녀가 아니었습니다. 지독한 외로움을 어찌지 못한 그녀는 고향이 아닌 데서 호텔 생활을 시작했지요. 그렇게 자신을 잠시 원하는 남자들에게 자기를 온통 던져버리는 험한 삶을 살았답니다. 그러다 첫 사랑의 환영 탓인지 열일곱 살 된 어린 남자아이와 부적절한 관계를 맺어 학교에서 면직 당하고, 묵던 호텔에서도 평판이 나빠지는 바람에 다시 한 번 갈 곳을 잃게 되었지요. 이렇게 서른을 넘기면서 그녀에게 남은 것은 술과 싸구려 옷가지와 장신구 그리고 고통스러운 기억들뿐이었습니다.

이것이 《욕망이라는 이름의 전차》의 주인공 블랑쉬 드부아의 전사(前史)입니다. 그녀가 트렁크를 들고 욕망이라는 이름의 전차를 타고 동생이 사는 극락이라는 곳에 도착하기 전까지의 행적인 거죠.

고통스러운 과거는 병이 되어 내내 그녀를 괴롭히고 자기 자신과 주변 사람들에게 제대로 돌봄을 받지 못한 그녀가 기어이 정신병원으로 호송되면서 드라마는 끝이 납니다.

작가는 그녀를 '신경쇠약'이라고 합니다. 그러나 드라마에 나타난 양상을 볼 때 그녀는 단순히 '사소한 자극에도 민감하게 반응해 육체적, 정신적 피로를 쉽게 느끼고 불면, 두통, 집중력 저하 등을 나타내는' 신경쇠약을 넘어 상당히 심각한 상태라 할 수 있습니다.

우선 그녀는 알코올 의존 증상을 보입니다. 동생 집에 도착하자마자 술을 찾아 마시고 말로는 술을 즐기지 않는 척하지만 술 없이는 하루도 버티기 어려운 지경이지요. 또 그녀는 습관적으로 거짓말을 합니다. 자신의 나이에 대해, 살아온 이력에 대해, 앞으로의 계획에 대해. 그리고 이렇게 말합니다.

"난 사실을 원하지 않아요. 난 마술을 원하죠. 그래요, 마술. 난 사람들에게 마술을 걸고 사실을 말하지 않죠. 대신 뭐가 진실이어야 하는지를 말하는 거죠. 그게 죄라면 벌을 받겠어요."

그리고 그녀는 남자와의 관계에 지나치게 의존합니다. 그건 경제력을 모두 잃었기 때문이기도 하지만, 동생 스텔라에 따르면 "경박한" 그녀는 어릴 적부터 뭇 남자들의 시선끌기를 즐겼고, 첫 사랑이자 남편이었던 이로부터 배신당한 외상의 충격으로 자신을 성적 대상으로 전락시켜버리면서 동시에 그 관계를 통해 사랑받기를 갈망하는 병리적 행태를 버리지 못합니다. 뿐만 아니라 드라마에서 자신을 구원해 줄 거라 믿었던 미치와의 결혼이 깨지고, 제부 스탠리에게 성폭행을 당한 뒤부터는 환상과 현실을 착각하기도 하시오. 정신병원에 강제입원될 거라는 말을 차마 할 수 없어, 동생이 시골에 쉬러 갈 거라고 하자, 그것을 사실과 상관없이 셰프 헌틀리라는 대학동창이 자신을 데리러 올 거란 환상으로 바꾸는 식이지요.

저는 블랑쉬 드부아의 이런 모습이 첫 사랑의 배신과 자살 그리고 연이은 가족의 상실이라는 외상적 경험으로 인해 심각해진 연극성 인격 장애 증상에 가깝지 않을까 생각합니다. 연극성 인격 장애(historionic personality disorder)[1]란 마치 무대에서 강렬하고 근사한 연기를 펼쳐 관

---

1) 정신질환진단통계편람(DSM-5)에 따르면 연극성 인격 장애의 진단 기준은 다음 여덟 가지이며, 이 중 다섯 개 이상에 해당하고 그것이 대인관계에서 부적응을

객의 마음을 사로잡으려는 배우처럼, 과장된 감정 표현과 주변의 시선을 받으려는 태도가 하나의 성격으로 굳어져 부적응을 일으키는 상태라 할 수 있습니다. 연극성 인격 장애의 뿌리에는 다른 사람의 관심과 사랑을 향한 욕망이 있습니다. 그리고 그 욕망은 사람들이 내게 시선을 주지 않으면 어쩌지, 사람들이 내게 끌리지 않으면 어쩌지, 사람들에게 박수 받지 못하면 어쩌지, 사람들이 나를 좋아하지 않으면 어쩌지, 사람들이 나를 잊으면 어쩌지 하며 끊임없이 묻고 또 묻는 두려움이기도 합니다. 그래서 역설적이게도 이 병을 앓는 사람들은 타인의 관심이 자기에게 집중되기를 갈망하면서 정작 자기 자신은 스스로에게 관심을 갖지 못하고 타인의 눈길만을 좇습니다. 그들의 관심과 사랑이 어디를 향하는지를 확인하게 위해 늘 다른 사람을 관찰하고 다른 사람의 반응에 신경을 쓰느라 자신을 돌볼 겨를이 없을 뿐 아니라 다른 사람에게 지나치게 영향 받을 수밖에 없게 됩니다.

연극성 인격 장애의 성향이 있다고 해서 반드시 그것이 병적으로 나타나는 것은 아니며 거꾸로 사람들에게 인기를 얻고 성공하는 힘으로 쓸 수도 있습니다. 하지만 우리의 블랑쉬 드부아는 거듭된 외상을 겪으면서 타인의 관심과 애정을 갈구하는 성향이 아동성범죄와 성매매라는 파행적 방식으로 발현되었고, 그로 인해 사회적 입지를 상실한 자

유발할 때 연극성 인격 장애로 진단합니다.
1. 자신이 주목받지 못하는 상황을 불편하게 느낀다.
2. 타인의 관심을 끌기 위해 신체적인 매력을 이용한다.
3. 타인과의 관계에서 성적으로 유혹적이거나 자극적인 행동을 한다.
4. 과도하게 인상주의적이며 세부적인 것이 결여된 화법을 사용한다.
5. 감정표현이 과장되고 극적이다.
6. 감정이 빨리 변하고 그 표현이 피상적이다.
7. 피암시성이 높아서 타인이나 환경에 쉽게 영향을 받는다.
8. 타인과의 관계를 실제보다 더 친밀한 것으로 생각한다.

신의 처지를 잊기 위해 술과 환상에 의존하면서 그녀는 더 이상 회복하기 어려운 지경으로 빠져들었습니다. 여자로서 첫 연인에게 사랑받지 못했다는 수치심과 배신감, 그의 죽음에 대한 죄책감, 그리고 혼자 남았다는 절박한 고립감 등이 복잡하게 얽혀 그 같은 역동을 초래했을 것입니다.

충격적이고 고통스러운 사건임에 틀림없지만 분명히 그녀의 잘못이 아닌데 그 외상적 경험을 적절하게 다루지 못하고 바닷물 같은 타인의 관심과 사랑에 목말라하며 "낯선 사람의 친절에 의지" 할 수밖에 없었던 가슴 아픈 인물이자 아픈 사람입니다, 블랑쉬 드부아는.

현실이라는 폭력

《욕망이라는 이름의 전차》는 현실이라는 폭력에 어떻게 대응하는가에 대한 이야기로 읽을 수도 있습니다. 아내 스텔라를 사이에 두고 그녀의 언니 블랑쉬 드부아와 애정을 다투는 스탠리 코왈스키는 이 드라마에서 현실 그 자체로 표현되지요.

극은 그의 등장과 함께 시작됩니다. 28살에서 30살 사이로 보이는 그. 청색 작업복을 입고 핏물이 밴 꾸러미를 손에 들고 들어온 그는 냅다 소리를 지릅니다.

"이봐, 거기! 스텔라, 여보!"

그리곤 아내에게 고기 꾸러미를 던지곤 친구와 볼링을 치러 무대 뒤로 나갑니다. 그리고 1장 끝에 집에 돌아와 처형과 처음으로 대면하지요. 다음은 그 장면 직전에 그를 설명한 지문입니다.

175cm 정도 중키에 강건하고 단단한 체격이다. 모든 동작과 태도에 동물적 쾌락이 배어있다. 청년기에 들어서면서부터 스탠리에게는 삶의 중심이 여자와 나누는 쾌락이었다. 의존적이며 유약한 탐닉이 아니라 암탉에 둘러싸인 화려한 깃털을 가진 수탉의 힘과 자존심으로 쾌락을 주고받는다.

전사가 자세히 나오지는 않지만 그는 폴란드 계에 공병단 특무상사 출신이고 현재는 판매원으로 일하며 (그래서 출장이 잦다) '편하게 살자'라는 좌우명을 갖고 있습니다. 블랑쉬와 처음 만나서도 그는 에두르지 않습니다. 그녀에게 어디서 왔는지, 무슨 일을 하는지, 언제까지 머물 건지를 묻고, 한 번 결혼한 적이 있지 않느냐며 아무렇지 않게 그녀의 아킬레스건을 건드립니다. 그리고 벨레브를 잃었다는 아내의 말에 나폴레옹 법전을 운운하며(부부의 공동소유권을 명시한) 기어코 블랑쉬의 가방을 뒤져 담보대출 증서를 찾아내고야 말지요. 표적을 절대 놓치지 않는 사냥꾼입니다.

그렇게 그는 게임을 즐깁니다. 1장에서는 볼링을 하고 3장과 8장에서 포커를 칩니다. 경쟁하고 승리하고 그것을 과시하는 것이 그가 사는 방식이니까요. 그러니까 '핏물 밴 고깃덩이' 스탠리 코왈스키는 힘과 경쟁과 동물적 사랑과 쾌락의 현재를 대표하는 인물이며, 우아하고 섬세한 아름다움과 과거와 환상으로의 도피를 상징하는 블랑쉬 드부아와 뚜렷한 대조를 이룹니다.

블랑쉬 드부아는 현실의 폭력을 감당하지 못하는 약한 사람입니다. 그래서 그녀는 낯선 사람의 친절에, 과거의 영광과 향수에, 거짓 환상에, 어둠의 보호에, 술에 기대어 현실로부터 도망칩니다.

"난 전혀 강하거나 자립적이지 못했어. 사람이 여리면, 여린 사람들은 희미한 빛을 발하거나 반짝거려야만 해. 나비 날개는 부드러운 색을 띠어야만 하고 불빛 위에 종이갓을 씌워야만 해."

그리고 스텔라 코왈스키는 남편 스탠리 코왈스키와 언니 블랑쉬 드부아 사이에 있습니다. 열다섯 살 무렵 아버지의 죽음을 뒤로 하고 고향을 떠나 뉴올리언즈로 온 그녀는 남부의 전통과 전혀 동떨어진 삶의 방식을 가진 남편을 만나 아이를 갖고 풍족하진 않으나 꽤 단란한 가정을 꾸렸습니다. 간혹 다툼이 있을 때 손찌검을 하기도 하지만 하루라도 곁에 없으면 힘들 만큼 그에게 육체적으로 단단히 얽혀 있고, 그 애착의 정도는 실로 대단해서 언니가 남편에게 겁탈 당했다는 사실을 알면서도 정신병원으로 그녀를 떠나보낸 직후, 자신의 가슴을 더듬는 그의 손길을 거부하지 않습니다. 그녀는 폭력적인 현실에 순응하기를 선택한 것입니다. 현실은 폭력적이기도 하지만 그에 순응할 때 확실한 쾌락을 보장하기 때문이지요. 그녀는 언니에게 남편이 곧 직장에서 판매원으로서 큰 성공을 거둘 것이라고 확신에 차서 말합니다.

"언니 말을 믿으면서 스탠리랑 같이 살 수는 없어요."

__ 상처

인생은 고해(苦海)라는 말이 있습니다. 고통으로 출렁이는 삶이라
는 바다를 맨 몸으로 헤엄치는 사람들이 떠오릅니다. 사는 게 어찌 고
통 밖에 없을까요? 신나고 기쁠 때가 분명히 있고 달콤한 기대로 가슴
이 두방망이질 치는 순간도 간간이 찾아옵니다. 그럼에도 석가모니는
괴로움(苦)과 즐거움(樂)이 무시로 교차하며 연속되는 삶의 파도에 어쩔
도리 없이 휩쓸리는 것 자체를 상처이자 인간의 근본적인 조건으로 보
았습니다.

인간과 그 실존에 대한 비관적 견해로는 출생을 우리에게 불안을
야기하는 최초의 외상적 경험이라 한 오스트리아의 정신분석가 오토
랑크(Otto Rank)를 빼놓을 수 없습니다. 태아의 입장에서 보면 결핍과
변화로 인한 고통 없이 모체와 안전하게 연결된 상태에서 아홉 달을 살
다 알 수 없는 압력에 의해 죽을 둥 살 둥 좁은 산도를 지나고 나니 듣
도 보도 못한 낯선 세계에 불시착하여 생존 자체가 불투명해지는 상황
에 놓이는 것이 바로 출생이며, 그 절체절명의 위기가 이후의 발달에
결정적 영향을 미친다는 것입니다.

오토 랑크가 주목한 출생의 외상은 출생 시점에만 국한된 이야기
가 아닐 수 있습니다. 사람으로 태어난다는 것은 몸이라는 공간적 제약
과 죽음이라는 시간적 제약 그리고 몸에서 발생하는 욕구와 욕망을 자
신의 의사와 상관없이 삶의 조건으로 떠안게 된다는 뜻이며, 우리는 모
두 그렇게 세상에 던져진 존재입니다.

세상에 피투된 인간이 겪을 수밖에 없는 고통을 불교는 여덟 가지
로 묶어 보여줍니다. 맨 앞의 네 가지는 생로병사입니다. 태어나고 늙

고 병들고 죽는 것이지요. 앞서 얘기했듯 태(胎)에서 나오는 것도, 더이상 자라지 않고 시드는 것도, 몸져누워 앓는 것도, 숨이 다하는 것도 모두 상실의 연속으로 삶에서 거둘 수 없는 죽음의 그림자입니다. 인간의 고통은 죽음뿐 아니라 인간에게서 오지요. 관계의 상처를 불교는 두가지로 간명하게 얘기합니다. 사랑하는 이와 헤어져야 하는 것과 미워하는 이와 만나야 하는 것. 사랑하는 대상은 가까이 두고 싶고 싫어하는 대상은 멀리 하고 싶은데 그게 뜻대로 되지 않는 데서 오는 상처입니다. 사람 말고도 우리가 집착하는 것은 많지요. 하지만 눈과 귀와 코와 혀와 살갗과 마음의 원(願)에는 끝이 없어서 종내는 우리의 괴로움이 됩니다.

그리스 신화 역시 염세적 세계관에서 뒤지지 않습니다. 욕심이 지나쳐 손닿는 것마다 황금으로 변하는 저주를 받게 된 것으로 유명한 미다스 왕은 오랫동안 현자인 실레노스를 찾아 헤맸다고 합니다. 오랜 추적 끝에 맞닥뜨린 현자에게 미다스는 물었습니다. 인간에게 가장 좋은 것이 무어냐고. 그랬더니 입을 다물고 있던 실레노스가 어쩔 수 없다는 듯 껄껄 웃으며 이렇게 말했답니다.

"가련한 하루살이 종족이여! 우연과 간난(艱難)의 아들이여! 듣지 않는 것이 너희들에게 좋을 텐데, 어째서 나로 하여금 말하기를 강요하는가? 너희에게 가장 좋은 것은 너희가 도저히 할 수 없는 일, 다시 말해 태어나지 않는 일, 무(無)다. 그리고 그 다음으로 좋은 것은 죽는 것이다."

고대 그리스 사람들은 실레노스의 이 염세적 지혜를 전복시켜 "가장 나쁜 것은 곧 죽는 것이고, 그 다음으로 나쁜 것은 언젠가 죽는다는 것"이라 말했다지만, 이렇게 말하나 저렇게 말하나 삶이 비극적이라는 데는 변함이 없습니다.

인간의 삶은 이렇게 동서와 고금에 상관없이 태어나면서부터 숨을 거두는 순간까지 고통의 연속이며, 그래서 인간은 그 자체로 상처입니다.

▬ 잘못된 믿음

우리가 살면서 겪는 상처는 다양합니다. 중요한 사람들에게서 사랑받지 못한 것, 있는 그대로의 모습으로 인정받지 못한 것, 안전하고 안정된 환경을 갖지 못한 것, 괜찮고 멋진 사람으로 평가 받지 못한 것, 마땅히 가져야 할 것을 누리지 못한 것, 어울리지 못하고 따돌림 당한 것, 제대로 된 가정에서 자라지 못한 것 등등 따지고 들자면 참 많습니다.

그런데 이 상처는 우리의 취약성(vulnerability), 곧 상처 입은 아이의 역할과 밀접하게 관련을 맺으며 서로를 확대재생산합니다. 그리고 상처 입은 아이는 자기중심적이고 의존적이며 단순하고 경직된 사고를 특징으로 합니다. 그것을 매우 잘 보여주는 것 중 하나가 앨버트 엘리스(Albert Ellis)의 비합리적 신념입니다. 합리적 정서행동치료를 개발한 그는 상황을 잘못 해석하게 이끌어 불필요한 부정적 정서에 빠뜨리고 부적응적인 행동을 하게 만드는 무의식적인 믿음을 열한 가지로 꼽았습니다.

1. 누구에게나 사랑받아야 한다.
2. 모든 면에서 유능하고 성공적이어야 한다.

3. 나쁜 사람들은 반드시 비난과 처벌을 받아야 한다.

4. 일이 뜻대로 되지 않으면 실패한 것이다.

5. 불행은 외부 환경 때문에 일어나며 인간의 힘으로는 그것을 통제할 수 없다.

6. 위험하거나 두려운 일이 일어날까 늘 걱정된다.

7. 문제에 직면해 해결하기보다 피하는 게 더 쉽다.

8. 나를 돌봐줄 사람이 항상 곁에 있어야 한다.

9. 과거는 결코 사라지지 않고 그것이 현재를 결정한다.

10. 다른 사람의 문제나 고통을 내 것처럼 아파해야 한다.

11. 모든 문제에는 완벽한 해결책이 있으며, 그것을 찾지 못하면 큰 혼란에 빠질 것이다.

블랑쉬 드부아의 경우를 이 비합리적 신념을 렌즈로 삼아 한 번 살펴볼까요? 얼른 봐도 이 중 절반 이상이 그녀의 신념 체계에서 큰 역할을 하고 있다고 느껴집니다. 그녀는 무엇보다 자신을 실패자로 규정합니다. 첫사랑인 남편에게 배신당한 이후 그녀의 삶은 그녀가 목말라 하는 사랑을 가져다주지 않았고, 그래서 아름다움을 섬세하게 감각하고 사람들과 그것을 나눌 수 있는 재능과 열정에도 불구하고, 그녀는 자신을 학대하는 나쁜 선택을 하면서 '이미 실패한' 자신의 삶을 '더욱 실패에 어울리는' 지경으로 몰아넣습니다.

거기에는 '누구에게나 사랑받아야 한다'와 '나를 돌봐줄 사람이 항상 곁에 있어야 한다'는 잘못된 믿음이 함께 작용했을 것입니다. 남편에게 배신당한 것은 두말할 나위 없이 큰 상처입니다. 하지만 그것이 절대 있을 수 없는 일은 아니잖아요. 오히려 있을 수 있는 일이고, 더 정확히 말하면 드물지 않게 일어나는 일이기도 하지요. 그녀가 그것을 사실로 받아들여 남편의 배신과 죽음이라는 사건을 가슴 아프긴 하지만 살면서 만날 수 있는 불행쯤으로 여겼다면, '내가 그를 사랑하는 것처럼 그가 나를 사랑했다면 좋았겠지만 그렇지 못했네. 당분간은 마음껏 아파하자. 시간이 지나면 나를 사랑하고 나를 필요로 하는 사람을 만날 수 있을 거야'라고 자신에게 말해주면서 오래지 않아 상처를 툭툭 털고 일어날 수 있었을 것입니다.

그런데 《욕망이라는 이름의 전차》의 주인공 블랑쉬 드부아는 자신의 고통을 정면으로 들여다보지 않았고, 술에 기대어 잊거나 사랑받고 싶고 보호받고 싶은 욕망을 낯선 남자와의 일회적인 접촉으로 대체하거나 있지도 않은 인물에게 구원받는 환상으로 자신을 속이면서 회피로 일관했습니다. 문제에 직면해 해결하기보다 피하는 게 더 쉽다는 잘못된 신념이 불리한 상황을 심각한 문제로 몰아가는 악순환의 역동에 그녀를 가둔 것입니다.

그리고 분명히 그렇게 스스로 선택했음에도 불구하고 블랑쉬 드부아는 자신의 역사를 불가항력의 과거로 인식하며, 거기서 벗어날 수 없다는 무력감으로 비루한 현실을 변명하지요. 과거는 물론 역사로서 엄존하지만, 우리는 바로 오늘이자 지금을 살고 있으며, 그래서 얼마든지 이제까지와는 다른 선택을 할 수 있습니다. 매일이 새롭게 시작할 수 있는 기회인 것입니다. 그런데 과거는 결코 사라지지 않고 그것이 현재를 결정한다고 믿는다면, 날마다 무상으로 배달되는 새로운 삶을 개봉도 하지 않은 채 쓰레기통에 버리는 셈이 됩니다.

블랑쉬 드부아라는 가여운 여인을 통해 확인된 우리 내면의 상처 입은 아이는 상처 입었기 때문에 매우 취약하고, 그 취약함은 이처럼 자기중심적이고 의존적이며 단순하고 경직된 생각으로 나타납니다.

《욕망이라는 이름의 전차》를 읽고 ___

블랑쉬 드부아를 괴롭힌 상처에 집중해 그 이미지를 떠올립니다. 그리고 도화지나 A4용지를 이용해 그녀의 상처를 표현해보세요. 채색을 할 수도 있고 특정한 형태로 접거나 찢거나 물에 적시거나 불로 태우거나 다른 재료를 붙이는 등 가장 적절한 방식을 찾아보세요.

이제 블랑쉬 드부아가 되실 차례입니다. 희곡에서 그녀는 자신의 고통을 누구에게도 솔직하게 말하지 못했지요. 만약 그녀가 누구에겐가 그렇게 할 수 있었다면 그게 누구일지 선택해보세요. 동생 스텔라일 수도 있고 자신에게 호감을 느끼는 미치일 수도 있고 여러분이 상상하는 또 다른 인물이 될 수도 있을 텐데, 만일 마땅한 인물이 찾아지지 않으면 신을 대상으로 할 수도 있습니다. 앞에 빈 의자를 하나 두고 마주 앉아서 여러분이 블랑쉬 드부아가 되어 그녀의 아픈 속내를 고백해보세요. 그때 상처의 이미지를 잘 보이는 가까운 곳에 두시면 집중하는 데 도움이 된답니다. 그런데 즉흥적으로 소리를 내서 말하는 게 어려우시면 하고 싶은 이야기를 글로 먼저 쓴 다음 읽으셔도 좋아요.

수고하셨습니다. 잠깐이지만 블랑쉬 드부아로 사는 게 쉽지 않으셨지요? 이제 그 역할에서 빠져 나오세요. 마지막 활동에서는 여러분 자신으로서 그녀를 만나겠습니다. 앞에 놓인 빈 의자에 상처의 이미지를 놓아두세요. 그리고 그 앞에 앉아 그녀의 '상처 입은 아이'를 위로해

주시면 됩니다. 위로에 어떤 공식이 있는 건 아니지만 블랑쉬 드부아를 포함해 우리 안에 사는 '상처 입은 아이'는 자신의 잘못이 아닌 것도 자신의 것으로 착각하고, 어떤 기준을 충족시켜야만 사랑받을 수 있다고 믿으며, 그래서 자연스러운 욕망을 스스로 제한하곤 한답니다. 그래서 '상처 입은 아이'를 위로할 때는 '~는 네 잘못이 아니야', '~하지 않아도 괜찮아', '~해도 돼', '~와 상관없이 나는 너를 사랑해'라고 말해주는 것이 좋아요. 이것을 힌트 삼아 블랑쉬 드부아의 상처를 어루만져주세요. 아래는 치유적 희곡 읽기 워크숍에 참여한 엄희진 님이 쓴 것입니다.

> 나는 너를 믿어.
> 너는 누구보다 사랑이 많았다는 걸.
> 때론 그 사랑이 배신하기도 하고 너에게 상처를 주기도 하지.
> 그렇지만 넌 그 누구보다 순수하게 사랑한 사람이야.
> 나는 너를 믿어.
> 너는 거짓이 아닌 진실을 말하려고 했다는 걸.
> 단지 너는 그 진실이 힘겨웠을 뿐이야.
> 나는 너를 믿어.
> 너는 힘겹지만 어떻게든 살아내려 했던 것을.
> 근데 이제 지쳤을 뿐이야.
> 그 사랑받고 싶은 마음, 괴로운 마음, 힘겹고 외로운 마음 알아주지 못해서 미안해.
> 이제 내가 너를 봐줄게.
> 고단했겠다.
> 고생했어.

이제 블랑쉬 드부아가 아니라 여러분의 상처 입은 아이를 조금 더 들여다볼까요? 앞서 앨버트 앨리스가 꼽은 열한 가지 비합리적 신념을 하나씩 찬찬히 읽어보세요. 그중에는 별 걸림 없이 넘어가는 것도 있고 이 사람이 언제 내 속을 들여다보았나 싶게 내 이야기로 느껴지는 것이 있을 수 있습니다. 혹은 내 것인지 아닌지 얼른 가늠이 안 될 수도 있겠고요. 그런 경우에는 시간을 두고 여러 번 반복해서 살펴보세요. 그렇게 하면서 여러분의 상처 입은 아이를 힘들게 하는 중요한 잘못된 생각을 가려냅니다. 이 작업이 잘 되면, 의식하지 못한 채 합리적이지 않은 신념에 따라 자동적으로 반응했던 이전과 달리, 그 생각이 작동할 때 알아차리기가 조금 더 쉬워질 것입니다.

거기서 한 번 더 욕심을 내보도록 하겠습니다. 여러분의 비합리적 신념 중에서 한 가지를 선택한 다음 그것을 중심으로 짧은 대화를 상상하는 거예요. 대화를 나누는 두 인물은 여러분 마음속의 상처 입은 아이와 돕는 어른으로, 상처 입은 아이의 자기중심적이고 의존적이며 단순하고 경직된 생각을 돕는 어른이 좀 더 유연하고 균형 잡힌 것으로 바꿔주는 흐름으로 가져가 보세요. 짧은 예를 들면 이런 식일 수 있습니다.

아이 :   난 아무 잘못도 없는데 A가 나한테 왜 그리 차갑게 구는지 정말 모르겠어.

어른 :   맞아. 내가 봐도 A는 네게 유독 쌀쌀맞더라.

아이 :   그렇지? 내가 잘못 본 게 아니지? 걔 진짜 못 됐어. 나쁜 사람이야.

어른 :   그런데 너도 B 싫어하지 않니? 은근히 잘난 척 하는
         게 거슬린다며? 그렇게 생각하면 A도 뭔가 네가 맘
         에 안 들어서 그런 게 아닐까? 게다가 너를 좋아하고
         싫어하는 건 A의 마음이잖아. 너한테 허락받아야 하
         는 일은 더구나 아니고. 그러니까 A의 마음은 A의
         것으로 내버려두고 넌 너를 좋아하고 네가 좋아하는
         사람들에게 더 집중하는 게 어때? 세상 모든 사람이
         널 좋아해야 하는 건 아니니까 말이야.

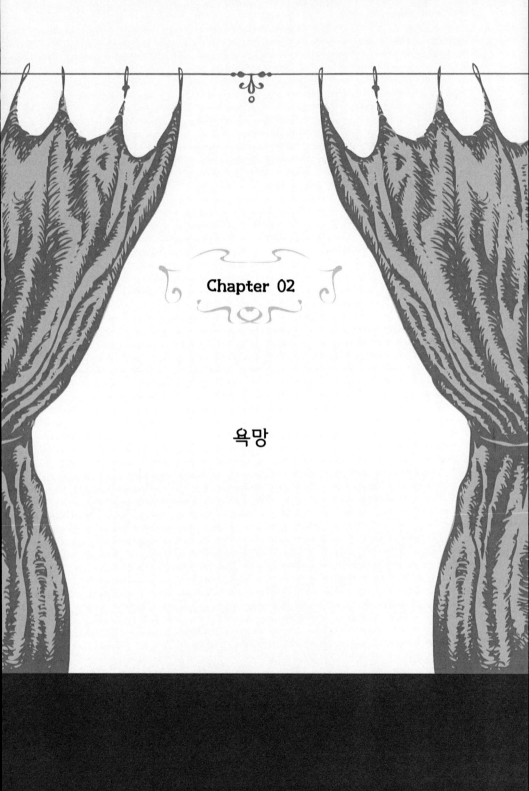

Chapter 02

욕망

맥베스

1606년경에 발표된 《맥베스》는 윌리엄 셰익스피어의 4대 비극이라 일컬어지는 작품 중 가장 나중에 쓰였고, 《햄릿》의 절반 정도로 길이가 짧은 작품입니다. 작가가 즐겨 쓰는 서브플롯이나 긴 독백 없이 빠른 속도로 사건을 전개하는데 집중하지요.

맥베스는 또 다른 비극의 주인공들처럼 보통 사람들보다 우월한 상태에서 시작해 비참하게 죽는 결말을 맞지만, 햄릿이나 오셀로보다 훨씬 깊은 나락으로 떨어진다는 점에서 독특합니다. 그는 "군신 베로나의 신랑"이라 불릴 만큼 충성스런 맹장이었지만 왕좌를 욕망하면서 무고한 사람들을 희생시키는 더러운 배신자이자 냉혹한 살인자로 변모하게 되지요. 그래서 《맥베스》에는 이아고나 에드먼드나 클로디어스 같은 악역이 따로 없습니다. 굳이 있다면 야망에 집착하는 맥베스의 일부가 악역이고 거기 제동을 거는 그의 양심이 대립되는 역할이라 할 수 있겠지요. 그렇게 주인공의 내면에서 일어나는 드라마를 조명한다는 측면에서 《맥베스》는 상당히 현대적이기도 합니다.

또 《맥베스》는 초자연적 요소가 매우 두드러집니다. 천둥과 번개가 치는 황야에서 맥베스를 기다리며 춤추는 세 마녀로 첫 장면을 엽니다. 그리고 오로지 전장과 전투에 목숨 걸던 맥베스가 권력을 향한 욕망에 눈뜨게 되는 계기 역시 세 마녀의 예언으로 나타나지요. 나중에는 그 예언대로 왕위에 오른 맥베스가 거꾸로 마녀들에게 찾아가 어떻게 하면 목숨을 부지할 수 있을지 도움을 구하기도 합니다. 맥베스의 무의식적 욕망일 수도 있고 맥베스에게 주어진 신탁이나 운명일 수도 있는 그것을 작가는 흉측하고 사악한 마녀로 형상화하며, 그런 맥락에서 그의 다른 작품과 비교해 초자연적인 요소를 매우 전면적이고 적극적으로 드라마에 개입시킨다 할 만합니다.

마녀를 중심으로 보면 《맥베스》는 짙은 안개 속에서 튀어나온 정체불명의 것들이 "맥베스 만세! 장차 왕이 되실 맥베스"라고 외치는 소리가 맥베스의 귓속으로 파고들어 혈관에 스미고 심장으로 그 독기가 번져 미친 듯 뜨겁게 뛰면서 급기야 온 몸과 마음을 점령해 그를 꼭두각시로 부리고는 수족에 달린 줄을 갑자기 툭 끊어버리는 일종의 인형극입니다. 맥베스가 마녀들에게 놀아나는 이야기인 거죠.

또 《맥베스》에서 주인공 못지않게 눈에 띄는 인물이 맥베스 부인입니다. 왕위를 향한 첫 살인 앞에서 막상 맥베스가 겁을 먹고 머뭇대자 가차 없는 독설로 그를 등 떠미는 장면에서 그녀는 마녀 따위 저리 가라 할 만큼 무시무시합니다. 검은 욕망이 그대로 사람이 된 모습이죠.

그렇게 보면 《맥베스》의 주요 인물들, 맥베스와 마녀와 레이디 맥베스는 맥베스의 심리와 그 역동을 분유합니다. 맥베스 한 사람의 사이코드라마처럼 말이지요.

_ 더, 더, 더 맥베스

"맥베스를 환영하라, 글래미스 영주시다!
맥베스를 환영하라, 코도의 영주시다!
맥베스를 환영하라, 왕이 되실 분이다!"

이 세 마디가 맥베스를 움직였습니다. 지친 몸을 이끌고 전장에서 돌아오던 글래미스의 영주 맥베스는 마녀의 예언을 들은 뒤 덩컨 왕의 배신자를 처단한 공으로 코도의 영주를 겸하게 됩니다. 제 것 아니던 두 가지 중 하나가 손에 들어온 것이지요. 그러니 남은 하나로 시선이 가는 것은 자연스럽습니다. 그는 자신을 코도의 영주라 칭하는 소리를 들으며 "운에 따라 왕이 될 거면, 글쎄, 운에 따라 관을 쓰게 되겠지"라고 합니다. 운이 등 떠밀어 왕좌에 앉힌다면 그리 되겠지만, 그것을 위해 스스로 애쓰진 않겠다는 투의 방백이지요.

그러나 일단 맥베스의 귀에 흘려 넣어진 독은 곧장 혈관으로 스며들어 그의 심장이 왕관을 향해 벌떡이게 합니다. 뱃구레에 잠들어 있던 눈 먼 검은 욕망은 그렇게 깨어나 기어코 손에 피를 묻히고야 맙니다. 왕은 되지 못하지만 왕을 낳을 거라는, 뱅코에게 주어진 예언을 함께 들었지만, 그럼에도 그것이 그의 욕망에 고삐를 걸지 못했고, 피로 얻은 왕관을 쓴 맥베스는 기갈 들린 듯 점점 더 많은 피로 왕좌를 칠갑하다가 마녀의 예언대로 버넘 숲을 움직여 온 여자가 낳지 않은 자, 맥더프의 손에 목이 잘려 죽습니다.

오이디푸스에게 주어진 신탁이 피할 수 없는 고통과 한계의 다른 말이라면, 맥베스를 향한 마녀의 예언은 저항하기 힘든 유혹과 욕망일 것입니다. 맥베스를 만나기 직전, 마녀의 대사는 "쉬! 마법이 걸렸어"입니다. 욕망은 신탁보다 무서운 속도로 맥베스를 한껏 추켜세웠다가 나락으로 내던집니다. 신탁과 달리 그것을 제어할 여지가 아주 없는 것은 아니지만, 욕망은 피해야 할 것이 아니라 달콤한 유혹이기에 일단 발동이 걸리면 멈추기 어려우며, 더구나 금기를 어긴 욕망은 그 위반의 결과로 욕망에 눈머는 정도가 한층 심해질 수밖에 없습니다.

《맥베스》를 저항하기 힘든 유혹과 욕망의 덫에 걸려 파멸한 자들의 이야기로 읽자니, 에덴 동산에서 쫓겨난 아담과 하와가 떠오르네요. 두 사람은 뱀의 유혹에 넘어가 하나님이 금한 선악을 알게 하는 나무 열매에 손을 댔지요. 뱀이 이렇게 꾀었답니다. "그걸 먹어도 절대 죽지 않아. 실은 그 열매를 먹으면 지혜가 생겨서 너희도 하나님처럼 될 수 있거든. 그래서 못 먹게 하는 거라고."

그러니까 아담과 하와에게도, 맥베스가 그랬듯, 하나님처럼 되고 싶은 욕망이 숨어 있었던 것입니다. 선악과를 먹으면 정녕 죽으리라고 정확한 결과를 일러주었음에도 불구하고, 맥베스가 그랬듯, 애초에 눈먼 욕망이 전면에 나서면서, 전후좌우를 차분히 살피는 힘은 간 데 없이 사라지고, 원하는 것으로만 세상이 가득 차버린 것입니다. 그 욕망의 대가로, 그들은 맥베스처럼, 낙원을 잃고 고통의 삶과 죽음을 받았습니다. 왕관을 욕망하지만 않았다면, 맥베스는 용감하고 믿음직한 승장이자 글래미스와 코도의 영주로서, 아마도 오래도록 평안했을 것입니다.

《맥베스》는 그렇게 욕망이라는 운명 앞에 무력한 인간의 초상을 박진감 있게 그려냅니다.

잠, 작은 죽음

> 맥베스 : 어디에선지 외쳐대는 소리가 들려오는 것 같았소. "더 이
> 상 잠을 못 잔다! 맥베스는 잠을 죽였다"고. 저 맑고 깨
> 끗한 잠, 엉클어진 심로의 실타래를 풀어주는 잠, 그날그
> 날의 생명의 죽음, 노고를 풀어주는 목욕, 마음의 상처를
> 치유해 주는 영약, 대자연이 베풀어 주는 제2의 생명, 생
> 명의 향연에 중요한 자양물인 잠을.
>
> 맥베스 부인 : 무슨 말씀을 하시는 거예요?
>
> 맥베스 : 온 집안을 향해 외치고 있었소, 더 이상 잠잘 수 없다!
> 글래미스는 잠을 죽였다. 그러니까 코더는 더 이상 잠잘
> 수 없다. 맥베스는 더 이상 잠을 잘 수 없다!

《맥베스》는 욕망과 잠을 맞바꾼 이들의 이야기이기도 합니다. 이 대화에서 니다나듯 맥베스는 던컨 왕을 시해한 뒤 불면에 시달리고, 욕망 앞에 거칠 것 없을 듯하던 그의 부인 역시 뒤에 가서는 몽유병에 걸려 밤을 헤매게 되지요.

맥베스의 대사는 휴식으로서의 잠을 집약합니다. 삶의 전후에 죽음이 배치되어 있듯 삶의 최소 단위인 하루는 잠으로 구별됩니다. 삶은 삶으로만 지속되는 게 아니라 깸과 잠의 교차로 이뤄지며, 잠은 삶 속의 작은 죽음으로서 삶의 잠정적 중단을 통해 쉼과 새로 태어남을 가능케 하지요. 그야말로 단잠입니다.

그런 한편 잠은 또 깨어있지 못한 상태를 나타냅니다. 제 손에 묻힌 무고한 피의 무게에 짓눌려 잠든 채 일어나 돌아다니며 마른 손을

씻는 맥베스 부인처럼, 눈 먼 욕망에 붙들려 꿈과 현실을 분별하지 못한 채 실패가 예정된 몸짓을 반복하는 우리의 몽매(蒙昧)를 상징합니다. 삶으로 깨어나야 할 작은 죽음이 잠인 것입니다.

욕망의 삼각형

TV 속에서 김사랑이 저에게 말합니다. "언니, 뭐 믿고 콜라겐 안 먹어? 나도 먹는데." 그 말을 듣는 순간 잠시 멍해지면서 '그렇지. 맞아. 마흔 넘고도 스무 살처럼 뵈는 저 이도 먹는다는데 넌 여태 뭐 했니?' 이런 생각이 들었습니다. TV 광고를 보고 그렇게 구체적인 구매 욕구를 느낀 건 처음이었습니다.

개인의 욕망은 이처럼 그 자신의 것으로 자연발생하기보다 욕망을 부채질하는 다른 사람이나 대상을 통해 촉발되는 것이라고 르네 지라르(René Girard)는 말합니다. 내 욕망이라 믿지만 사실 그것은 타인의 욕망이라는 것입니다.

르네 지라르는 인간의 욕망을 깊이 탐구한 프랑스의 철학자인데, 그가 택한 연구 방식이 흥미롭습니다. 미국의 연극치료사 로버트 랜디(Robert Landy)가 고전에 나타난 인간 군상을 바탕으로 우리에게 보편적인 역할 유형의 목록을 찾아냈듯 그는 「돈키호테」, 「보바리 부인」, 「적과 흑」, 「잃어버린 시간을 찾아서」 등 소설 속 인물의 욕망을 추적했습니다. 그 결과 욕망에 대한 우리의 상식을 깨는 색다른 얘기를 들려줍니다. 상식은 이렇지요. 뭔가를 욕망한다는 곧 어떻게 되고 싶다 혹은 무엇을 갖고 싶다는 것이고, 지금의 자신으로는 충분하지 않거나 만족스럽지 못해서 달라지고자 하는 것이다. 그리고 그것은 욕망하는 대상을 가짐으로써 이뤄진다. 욕망의 주체와 욕망의 대상이 직결된다고.

그런데 실제로는 욕망의 주체와 대상 사이에 중개자가 있다는 게 르네 지라르의 발견입니다. 돈키호테는 이상적인 방랑의 기사가 되고 싶어 합니다. 하지만 그런 그의 욕망은 아마디스라는 전설의 기사를 모방하는 방식으로 나타나지요. 르네 지라르는 돈키호테의 욕망이 대상을 곧장 향하지 않고 중개자인 아마디스를 경유하면서 간접화되는 방식에 주목하여, 그 역동을 '욕망의 삼각형'이라 명명합니다. 앞서 든 제 경우로 말하자면 '30대 같은 50대'를 향한 나의 욕망이 '김사랑'을 통해 간접화된다고 할 수 있겠지요. 내가 욕망 주체, '30대 같은 50대'가 욕망 대상, 김사랑이 중개자로 삼각형을 이루는 것입니다.

르네 지라르는 우리의 욕망이 이렇게 굴절되는 이유를 모방 본능과 욕망의 추상성에서 찾습니다. 구체적인 필요를 갖는 욕구와 달리 욕망은 그것이 취하고자 하는 대상이 모호합니다. 이상적인 방랑의 기사나 30대 같은 50대처럼 말이지요. 그 모호함을 뚜렷하게 모양 잡아주는 것이 바로 타인, 타인의 욕망입니다. 다른 사람들이 원하는 것과 갖고 있는 것을 나도 따라하게 되는 것이지요. 아마디스를, 김사랑이 먹는 콜라겐 제품을. 또 무리를 이루어 사는 속성 덕분에 태생적으로 타인을 모방하게 되어 있는 메커니즘이 이 역동의 근본에 있음은 더 말할 필요도 없습니다.

덩컨 왕을 시해하고 스코틀랜드의 국왕 자리를 차지한 맥베스의 욕망도 이 같은 관점에서 읽을 수 있을까요? 1막 3장에서 노르웨이와의 전투에서 대승을 거둔 공으로 코도의 영주를 약속받자 맥베스는 이렇게 혼잣말을 합니다.

"글래미스 그리고 코도 영주. 가장 위대한 것이 그 뒤에 있구나."

이미 마녀의 예언을 들은 그가 자신이 왕이 될 수 있음을 직감하는 대목이며, 그는 그것을 '가장 위대한 것'이라고 말하고 있습니다.

반란의 조짐에 불안해하며 마녀들을 찾아간 4막 1장에서는 그의 욕망이 좀 더 날 것으로 드러납니다. 거기서 맥베스는 환영의 모습으로 나타난 자신의 욕망이자 두려움을 만나지요. 그것들은 이렇게 말합니다.

환영 2 :   잔인하고 대담하며 흔들리지 마라.
           인간의 힘이라면 우습게 생각하라.
           여자의 몸에서 태어난 사람은 누구도 맥베스를 해치지
           못할 테니까.

환영 3 :   사자처럼 당당하라.
           짜증내고 안달하고 반역하는 무리에 신경도 쓰지 말고.
           맥베스는 결코 정복되지 않을 것이다.
           거대한 버남 숲이 던시네인 언덕으로 그를 대적하여 다
           가오기 전에는.

이런 장면들로 미루어 볼 때 맥베스의 욕망은 위대해지는 것, 인간의 힘으로는 결코 해치거나 정복할 수 없는 무적의 존재가 되는 것이라 할 수 있을 것입니다. 그리고 그 가당치 않은 욕망에 현실적인 외피를 입혀 준 중개자가 스코틀랜드의 국왕 덩컨이며, 마녀라는 초자연적 인물로 형상화된 타자 혹은 타자의 욕망이 왕위 찬탈이라는 그의 부정한 모방을 부추긴 것입니다.

__ 그래서 욕망을 어떻게 만날 것인가

욕망에는 여러 차원이 있습니다. 애초에 욕망은 생물학적 필요에서 비롯되며 그래서 우리의 몸에는 그것을 성공적으로 충족시키기 위한 보상 체계가 내장되어 있습니다. 그 같은 형태의 욕망은 생리적 본능이나 욕구라 구분하기도 합니다. 한편 욕망은 경우에 따라 의지로 경험되기도 하지요. 서로 다른 욕망이 줄다리기를 하는 상황에서 어느 한쪽을 선택할 때가 보통 그렇습니다.

어떤 경우든 개인은 자신이 욕망을 생산하고 자각하고 선택하는 주체라 느낄 가능성이 큽니다. 그런데 잘 들여다보면 그렇지 않음을, 내가 욕망의 주체가 아니라 욕망이 나를 조종하는 실체이며 그조차 내게 속한 것이 아니라 다른 사람의 욕망임을 역설하는 사실들이 즐비합니다.

인간은 그냥 동물이 아니라 사회적 동물이며, 그래서 태생적으로 다른 사람의 인정과 사랑을 갈구합니다. 즉 우리의 욕망은 타자의 욕망에서 시작되고 타자와의 관계 속에서 의미를 갖습니다. 내게 속한 것이 아니라는 뜻입니다. 또 신경과학의 여러 실험들은 우리가 의지나 소망으로 경험하는 것이 실제로는 자기도 모르게 자동적으로 행한 선택을 사후에 정당화하는 환상에 지나지 않는다고 말합니다.[2]

---

2) 지그문트 프로이트가 낡은 상식이 된 지금에도 우리는 여전히 내가 어떤 행동을 한다면 그것은 내가 왜 그것을 그렇게 하는지를 알아 선택한 결과라고 생각합니다. 나를 의식적 주체 혹은 주체적 의식이라 여기는 것이지요. 그에 대해 심각한 의문을 제기하는 신경과학의 두 실험을 소개하면 이렇습니다.

첫 번째는 1979년 생리학자인 벤자민 리벳이 진행하여 엄청난 파장을 일으킨 실험입니다. 그는 피험자의 두피에 EEG 전극을 붙이고 손에는 근전도 측정기를 단다음 손가락을 움직이고 싶은 충동이 느껴진 순간을 표시하게 했습니다. 그리고 손가락을 들고 싶다고 생각한 순간, 뇌파가 움직인 순간, 손가락이 실제로 움직인 순간을 오차범위 50ms(1/20초) 내로 측정하는 기계로 기록하여 그 시점을 확인했지요.

상식에 의하면 당연히 충동이 먼저고 뇌파가 움직인 후 손가락의 움직임이 뒤따라야 맞겠지만, 실험의 결과는 충동에 앞서 두뇌의 운동피질이 움직이고, 그 뒤에 손가락이 움직임을 보여주었습니다. 피험자가 행동을 결정한 것을 인지한 것보다 평균 1/3초가량 먼저 뇌파가 그것을 수행하기 위한 준비를 시작한 것입니다. 실험을 설계한 벤자민 리벳은 이 결과를 놓고 우리가 주체적으로 의사결정을 하고 그에 따라 행동한다는 것은 망상일지도 모른다며 '우리의 의식은 의사결정 과정에 참여하지 못한다'는 결론을 내렸다고 합니다.

자유의지를 의심케 하는 실험은 이것이 다가 아니었습니다. 2007년 「Nature Neuroscience」에 실린 존 딜런 하인즈의 연구에서는 피험자가 행동을 의식적으로 결정하는 시점보다 무려 10초 전에 두뇌가 작동하기 시작한다는 충격적인 결과가 나왔습니다. 실험의 방식은 0.5초 간격으로 알파벳을 무작위로 하나씩 화면에 띄우고, 피험자는 원하는 순간에 버튼을 누르되 버튼을 누르기로 마음먹은 순간 화면에서 본 알파벳을 기억하도록 하여, 두 반응의 시차를 추출했지요.

이들 실험의 결과는 일견 우리가 두뇌의 조종을 그대로 따르는 꼭두각시에 불과하다고 말하는 듯하며, 실제로 학자들 사이에서도 이에 대한 해석이 여전히 분분하다고 합니다. 저는 그 중에서 빌라야누르 라마찬드란의 해석이 설득력 있다고 봅니다. 잘 나가는 신경과학자인 그는 인간에게 정말 중요한 능력은 자유의지(free will)가 아니라 자유거부(free won't)라 말합니다. 우리 두뇌의 신피질에는 약 300억 개의 뉴런이 있어 끊임없이 작동하고 있는데, 거기서 벌어지는 일을 의식이 모두 파악하고 통제하는 것은 애초에 가능하지 않고, 쉬지 않고 움직이며 크고 작은 의사결정을 처리하는 신피질의 작용 중 일부만이 의식의 각성을 유발할 만큼 도드라진다는 것입니다.

이를 벤자민 리벳의 실험을 기준으로 좀 더 좁혀 말하면, 손가락을 움직이고 싶다고 생각하기 전에 작동하는 뇌파를 '준비전위'라 하는데, 이 준비전위의 확률 분포는 우리가 태어나기도 전에 이미 결정되는 것으로 우리의 의지나 선택과 무관하게 주어집니다. 준비전위가 특정한 확률 분포에 따라 반복해서 활성화되면, 우리는 그때마다 거기에 반응하는 것이 아니라 거부하고 또 거부하다 어느 한 순간을 골라 움직이는 것이지요.

다시 말해 우리가 두뇌의 무의식적 작동인 준비전위의 확률 분포를 선택적으로 만들어내지는 못하지만, 그에 반응하기를 지속적으로 거부하다가 어느 순간 거부를 멈추는 방식으로 의지를 발휘하며, 그로 인해 어쨌든 손가락이 실제로 움직이는 것보다 움직이고 싶다는 생각이 앞서게 되는 것입니다.

욕망의 타자성은 그 실체 없음으로 인해 필연적으로 욕망의 과속을 낳습니다. 타자는 분명히 실재하며 욕망의 대상도 그래서 실재한다고 믿지만, 막상 대상을 손에 쥐고 보면 꿈꾸던 그것이 아님을 번번이 확인하게 되는 것이지요. 그러나 욕망은 사라지지 않고 또 다른 대상을 향해 질주하며, 그렇게 허기진 욕망이 삶을 몰아갑니다. 바로 맥베스의 상승과 몰락이 광기가 된 욕망의 슬픈 초상을 잘 보여줍니다.

그래서 욕망을 잘 다루기 위해서는 그 실체 없음을 분명하게 깨닫는 것이 필요합니다. 상담 장면에서 저는 욕망의 실체 없음을 두 가지로 설명합니다. 어떤 욕망도 완전히 충족될 수 없으며 욕망의 대상이 과연 애써 추구할 가치가 있는지를 의심해 보아야 한다고, 그 무용성과 불능성을 강조합니다.

가령 도움이 없을까 두려워 안전을 욕망한다면, 아무리 애써도 우리 삶에서 위험을 말끔히 몰아낼 수 없음을 알아야 합니다. 아프지 않고 건강하도록, 파산하지 않고 재정적으로 안정되도록, 고립되거나 싸우지 않고 사람들과 평화롭기를, 일에서 실수나 실패가 없기를, 도덕적으로 취약하거나 사악해지지 않기를 쉬지 않고 경계하고 방비해도 그것은 고작 배에 구멍이 나지 않도록 손보는 것에 지나지 않습니다. 불철주야 거기 매달린들 보이지 않는 암초나 거센 태풍을 막을 도리는 없는 것입니다. 완벽한 안전은 불가능합니다.

뿐만 아니라 안전에 대한 욕망은 변화를 두려워하도록 만듭니다. 낯선 것은 알지 못하기에 위험하게 느껴지기 때문이지요. 그래서 안전을 과도하게 추구하다보면 스스로를 감옥에 가두게 됩니다. 세상에서 가장 안전한 곳을 두 군데 꼽는다면, 하나는 엄마 뱃속이고 다른 하나는 아마도 감옥일 것입니다. 감옥만큼 항상성이 철저하게 유지되는 곳은 없으니까요. 그러나 감옥은 안전한 대신 자유와 함께 삶을 박탈하는 공간입니다. 그때 안전은 위험을 배제함으로써 우리를 좀비(walking dead)로 만드는 그야말로 위험한 대상일 수밖에 없습니다. 그것이 바로 안전의 무용함입니다.

이렇게 욕망의 실체 없음을, 욕망 충족의 불능성과 무용성을 확실히 깨달을 때 비로소 그것에 집착하지 않을 수 있는 힘이 생깁니다. 욕망과 자신을 동일시하지 않고 거리를 둘 수 있게 됩니다. 욕망에 휘둘리는 대신 자신이 욕망을 제어할 수 있는 성장의 첫 단추가 꿰어지는 것입니다.

《맥베스》를 읽고 ___

앞의 글에서 《맥베스》는 악역을 따로 두기보다 맥베스라는 한 인물 안에서 욕망과 양심이 강하게 충돌하는 모습을 보여준다고 했지요. 그런 맥베스의 특징을 이미지로 떠올려 그려보세요. 그 이미지는 아마도 맥베스만의 것이 아니라 욕망들 사이에서 좌충우돌하는 우리들의 모습을 고스란히 담고 있을 것입니다. 다음은 치유적 희곡읽기 워크숍의 참여자 김희덕 님이 그린 이미지입니다.

여러분 주변에 있는 분이나 대중에게 잘 알려진 이들 중에 특히 부러운 사람이 있다면 누구일까요? 방탄소년단의 뷔, 아이유, 김연아, 오은영, 이동진, 함연지, 김남주, 며느리 등 다양한 대상이 있겠지요. 일단 한 명을 선택한 다음에는 그의 어떤 점이 부러운지를 한 문장으로 집약해보세요. 이를테면 이런 식으로요. 며느리, 아들의 사랑을 듬뿍 받아서. 뷔, 아름다워서. 아이유, 성숙해서. 이동진, 자기만의 정체성으로

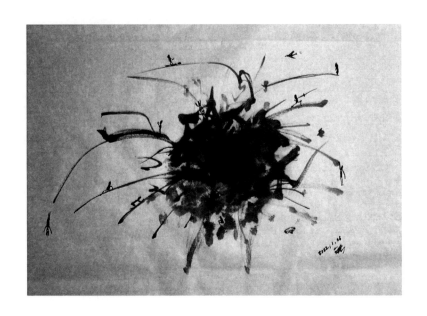

사람들에게 인정을 받아서. 오은영, 전문성이 뛰어나서. 김남주, 가정과 일을 모두 성공적으로 경영해서. 함연지, 화목하고 안정적인 가정에서 사랑받으며 자란 사람이어서.

지금 그런 이유로 선택한 인물은 여러분의 욕망의 중개자일 수 있습니다. 다른 사람에게서 발견한 여러분의 욕망인 것이지요. 그렇게 '아들의 사랑을 듬뿍 받고 싶다', '아름답고 싶다', '성숙하고 싶다', '나만의 정체성으로 사람들에게 인정받고 싶다', '탁월한 전문성을 갖고 싶다', '가정과 일을 모두 성공적으로 해내고 싶다', '화목하고 안정적이며 나를 사랑해주는 가족을 갖고 싶다'를 나의 욕망으로 다시 읽어봅니다.

그런 다음에는 그 욕망을 얼마만큼 충족하고 있는지를 살펴볼게요. 욕망의 충족 정도를 좀 더 쉽게 알아보기 위해서 리커트 척도를 가져오겠습니다. '욕망이 전혀 충족되지 않는다'를 숫자 0으로 놓고 '욕망이 전혀 모자람 없이 충족된다'를 숫자 10으로 놓은 상태에서, 평소 혹은 지금의 정도를 점검해보세요.

이번에는 욕망 충족의 최저점과 최고점을 찾아보겠습니다. 여러분을 움직이는 그 욕망이 충족되지 않아서 고통스러웠던 장면 하나와 충분히 충족되어서 만족스러웠던 장면 하나를 떠올려 각각의 척도상의 위치를 정하시면 됩니다. 두 점 사이가 가령 1과 9처럼 크게 벌어질 수도 있고 4와 7처럼 그리 크지 않을 수도 있겠지요. 그런 다음에는 최저점과 최고점에 있을 때 여러분의 경험을 조각상과 대사로 나타냅니다. 먼저 해당 장면의 느낌을 조각상으로 만든 후에 그 자세에서 나오는 말을 찾아가는 것이 좀 더 자연스러운 순서일 수 있습니다. 대사는 너무 길지 않게 세 문장 이내가 좋겠고요.

두 장면의 조각상과 대사를 찾았으면, 여러분이 계신 공간의 한쪽 벽면을 욕망 충족의 리커트 척도로 놓겠습니다. 그 벽면을 배경으로 최저점과 최고점 사이를 3~4회 정도 왕복하려고 해요. 그러니까 최저점의 위치에서 조각상과 대사를 한 다음 최고점으로 옮겨서 다시 그 장면의 조각상과 대사를 하고, 그렇게 서너 차례 두 점을 왔다 갔다 하면서, 욕망이 여러분을 어떻게 휘두르는지를 몸으로 느껴보세요.

이제 그 욕망이 어떤 식으로 나를 움직이는지가 더 잘 보이시죠? 하지만 그것이 내가 아니라 타인에게서 온 것임을 알아도, 욕망이 충분히 충족되는 순간은 짧고 늘 더 길게 목마를 수밖에 없다는 것을 환히 보아도, 살아있는 동안 우리를 살게 하는 힘은 욕망에서 오기에 욕망을 뿌리째 뽑을 수는 없습니다. 다만 욕망충족의 불능성과 무용성을 분명히 자각하여 필요할 때마다 욕망의 무한질주에 제동을 거는 것이 중요하다 하겠습니다. 그런 맥락에서 나의 욕망에게 필요한 말을 한 마디씩 해주면서 마무리 할게요. '넌 지금도 충분히 사랑 받고 있어', '내게 주어진 하루를 잘 살아내는 게 이미 성숙한 거야', '네가 어디에 있어도 무엇을 해도 넌 이효원이란다' 등이 될 것입니다.

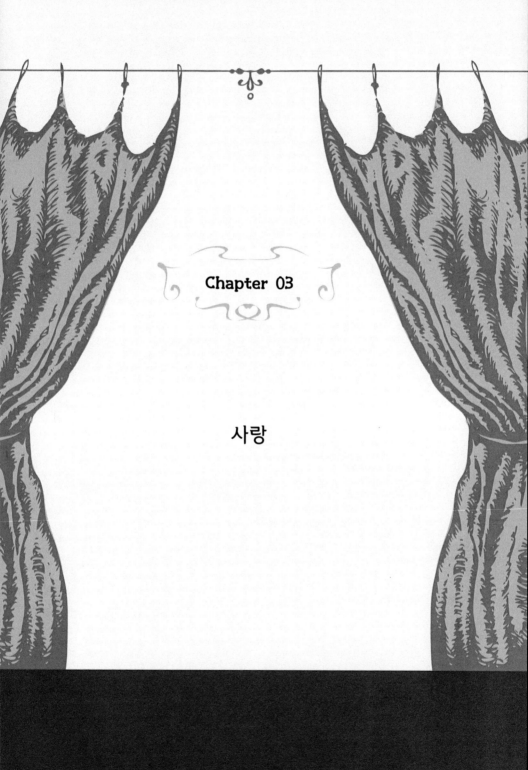

Chapter 03

사랑

인형의 집

《인형의 집》은 1897년에 발표되었으니 벌써 150년 가까이 지난 희곡임에도 여전히 우리 사는 모습의 절반을 아프게 비춰주는 고전입니다.

변호사 남편 헬메르와 아이 셋을 둔 가정주부 노라가 주인공이고, 이야기는 크리스마스를 앞둔 겨울날 벽난로가 타고 안락의자가 흔들거리는 정겹고 따뜻한 가정에서 시작합니다. 수년 동안 남모르는 빚을 갚아온 것 외에 노라에게 부족한 것은 없어 보입니다. 남편은 곧 승진할 예정이고 아이들도 건강하게 잘 자라며 자신 역시 남편의 "귀여운 종달새"로 사랑을 듬뿍 받고 있으니까요. 해가 바뀌어 은행장이 된 남편의 월급이 많아지면 빚에서 벗어날 날도 멀지 않습니다.

그런데 전혀 생각지 못한 문제가 생깁니다. 남편이 아팠을 때 그의 치료를 위해 크로그스타에게 몰래 큰돈을 빌리면서 차용증에 아버지의 서명을 위조한 일이 있었는데, 은행에서 쫓겨날 위기에 처한 그가 자신을 복직시켜주지 않으면 그 사실을 공개하겠다고 협박한 것입니다.

그때부터 노라는 혹여 비밀이 탄로 날까 전전긍긍하며 어떻게든 남편을 설득하려 애쓰지만, 요지부동인 남편은 크로그스타를 결국 해고해 버립니다. 그리고 그가 홧김에 쓴 편지를 읽은 남편이 사건의 전말을 모두 알게 되지요.

그런데 그의 반응이 매우 의외입니다. 남편 헬메르는 노라의 잘못이 자신을 하루아침에 나락으로 떨어뜨릴 수 있었다며 아이들을 기를 자격도 없다고 비난하면서도 다른 사람들의 눈이 있으니 예전처럼 집에서 살게는 해주겠다고 말합니다.

그때 천우신조로 마음을 돌린 크로그스타가 차용증을 돌려주면서 상황은 한 번 더 급변합니다. 자신의 승진에 문제가 없을 거라 안심한 헬메르는 노라를 용서하겠다며 아무 일 없던 듯 너그러운 남편으로 돌아갑니다. 하지만 일련의 사건을 겪으며 자신의 결혼생활이 빈 껍데기였음을 깨달은 노라는 정겹고 따뜻한 인형의 집의 문을 열고 밖으로 나갑니다.

줄거리만 봐도 어처구니없는 이 희곡은 근대극의 아버지라 불리는 헨리크 입센(Henrik Ibsen)의 대표작일 뿐 아니라 초연 이후로 유럽 각지에서 공연되면서 엄청난 논란과 반향을 일으킨 문제작이기도 합니다.

극작의 측면에서는 크로그스타가 노라의 오랜 친구이자 자신의 옛 연인인 린데 부인의 회유에 쉽사리 마음을 바꿔 먹는 대목과 어린 시절부터 결혼 이후 8년 동안 누군가의 사랑스러운 인형으로 사는 데 익숙했던 노라가 그렇게 갑자기 그리고 그렇게 단번에 자신의 행로를 전면적으로 바꾸는 대목이 다소 작위적이라는 느낌을 지우기 힘듭니다.

하지만 어쨌거나 《인형의 집》은 그동안 당연한 관습과 문화로 여겨지던 것을 의심과 회의의 시선으로 다시 보게 하는 귀한 역할을 해냈고, 지금도 여전히 '쾅!'하고 문 닫고 나갈 것인지를 고민하는 노라들이 많다는 점에서 그 영향력은 현재 진행형이라 할 수 있습니다.

《인형의 집》을 읽고 가장 먼저 든 생각은 '노라가 과연 집에서 나가서 잘 살 수 있을까? 더 이상 누군가의 사랑스러운 인형이 아니라 자유로운 한 사람으로 살아낼 수 있을까?' 였습니다. 그럴 수 있기를 바라 마지 않지만 인형의 집을 나온 이후를 걱정하는 건, 바람대로 흘러가지 않는 게 세상사라는 걸 모를 수 없는 제 나이를 탓해야 할까요?

하지만 저와 비슷하거나 다른 여러 이유로 《인형의 집》은 1879년 12월 덴마크 코펜하겐 왕립극장에서 초연된 이후로 유럽 각지에서 공연될 때마다 갖가지 스캔들과 함께 공식석상에서의 언급이 금기시될 정도의 반향을 이끌어냈고, 또 그 여파로 본래 희곡의 결말과 그 뒷이야기를 두고 다양한 개작과 창작의 역사를 갖고 있다고 합니다.

당장 이듬해 독일 공연에서는 노라 역할을 맡은 배우가 "나는 아이들을 결코 버리지 않는다"며 집을 나가는 마지막 장면을 연기하기를 거부해 작가가 어쩔 수 없이 결말을 수정했다고 합니다. "내일 아이들이 일어나 엄마를 찾을 텐데, 그때 아이들은 엄마 없는 아이들이 되어 있을 것이요, 과거에 당신에게 엄마가 없었듯이." 남편의 이 말에 현관을 나서지 못한 채 아이들 방 앞에 주저앉는 것으로 말이지요.

뿐만 아니라 극작가가 해외에서 상연되는 희곡에 저작권을 행사할 수 없었던 당시 관행 덕에 《인형의 집》은 공연자의 뜻에 따라 노라가 남편에게 먼저 사과하거나 두 사람이 화해하거나 집을 나갔던 노라가 다시 돌아오는 등의 다양한 변형을 겪어야 했답니다. 그 밖에도 노라가 집을 나간 이후에 초점을 두고 쓰인 일종의 속편들 — 대개 노라에 대한 사회적 처벌과 그녀의 고통을 강조한 — 이 20세기 초반까지 꾸준히 생산되었고요.

《인형의 집》의 폭발력은 20세기 전반에 동아시아로도 전해져 새로운 사회사상으로 받아들여지면서, 동시에 남성중심사회에서 그만큼의 반발과 저항을 낳았습니다. 일례로 우리나라에서 1922년에 번역된 희곡의 서문에서 춘원 이광수는 이렇게 썼습니다.

"네가 머리를 깎고 남자 옷을 입고 궐련을 피워 물고 큰길로 다니며 남자의 하는 직업은 내가 다 할 것이다 하는 동안 너는 아직 남자의 노예니 네가 사람이란 자각 담에 계집이란, 아내란, 어미란 자각을 얻어 계집으로, 아내로, 어미로의 직분을 다할 때에 비로소 네가 완전한 독립의 개성을 향유하는 사람이 되는 것이다! 아무리 머리를 깎더라도 수염은 나지 못할 것이요, 아무리 남자 옷을 입더라도 젖가슴과 엉덩이는 들어가지 못할 것이요, 아무리 큰 길로 나다니더라도 네 지방 많고 동그래하고 어여쁜 몸뚱이가 골격과 근육이 툭 불거지고 어깨 펴지게는 되지 못할 것이다. 그런즉 노라야, 다시 네 남편에게로 돌아오너라. 그래서 새로운 의미에서 얌전하고 귀여운 아내가 되고 어미가 되거라."

또한 소설가 채만식은 1933년 「인형의 집을 나온 연유」라는 작품에서 노라가 집을 나간 이후의 삶을 그렸다고 합니다. 거기서 이런 저런 일자리를 전전하던 노라는 찻집 여급이 되어 뭇 사내들의 인형노릇을 하다 성폭행을 당하고 자살을 시도하지만, 간신히 목숨을 건져 제본소에 취직하며 거기서 감독관이 된 남편을 다시 만나게 된다고 하네요. 이광수의 서문과 채만식의 소설 모두 노라 남편의 심정을 그대로 대변하는 권위적인 어조와 내용으로 동서양을 막론한 보편적 피지배자로서 여성의 입지를 보여줍니다.

당시보다 여성이 목소리를 낼 수 있는 기회가 많아지기는 했지만, 《인형의 집》은 오늘날에도 여러 연출가들에게 새로운 질문을 던지는 뜨거운 작품입니다. 그 중에서 독일의 토마스 오스터마이어(Thomas Ostermeier)가 연출한 '인형의 집―노라'와 미국의 연출가 리 브루어(Esser Leopold Breuer)와 마부마인 극단이 만든 '인형의 집'은 특히 대담한 해석과 충격적인 결말로 화제를 모았다고 합니다. 앞의 작품에서 노라는 아주 고급스러운 아파트에 사는데 남편이 집을 나가겠다는 말을 무시하자 문을 닫고 나가는 대신 남편을 총으로 쏩니다. '쾅'이 아니라 '탕'으로 바뀐 거죠. 원작에서 최소한으로 절제되었던 노라의 분노를 폭력적으로 폭발시킨 것입니다. 또 리 브루어의 공연에서는 남녀의 차이를 신체적으로 과장해 보여줍니다. 남자는 모두 왜소증이 있는 배우로, 여자는 모두 키가 매우 큰 미녀로 캐스팅한 것입니다. 그래서 노라는 극중에서 내내 남편보다 작게 보이려 노력하다가 마지막에 집을 나갈 때, 자신을 옥죄고 있던 코르셋과 가발을 벗어던지고는 발가벗은 채로 퇴장합니다.

또 다른 예를 들면 2019년 우리나라에서 상연된 미국 극작가 루커스 네이스(Lucas Hnath)의 '인형의 집 Part 2'는 베스트셀러를 써서 작가로 성공한 노라가 님편과 이혼하지 않은 상태라는 사실을 뒤늦게 깨닫고 15년 만에 다시 집을 찾는다는 설정 속에서 노라와 남편, 세 아이들을 길러준 유모, 딸의 서로 다른 입장을 조명합니다.

이렇게 《인형의 집》은 여전히 건재한 절반의 차이와 차별 속에서 현재진행형입니다.3)

---

3) 이상의 내용은 다음 자료를 참고하여 정리한 것입니다.
   집 떠난 노라는 어떻게 됐을까? '인형의 집' 속편들의 역사, 장지영, 2019, 경향신문; 나는 누군가의 인형이 아니라 하나의 인간입니다, 신문은, 2020, 조선일보; 그 집에 인형은 둘이었다―연극 인형의 집 1053호, 김일송, 2019, 명대신문

▬ 사랑의 맨 얼굴

《인형의 집》은 일차적으로 가부장의 권력을 휘두르는 지배자 남성과 그 일방적 희생자 여성의 대결 구도로 읽힙니다. 그러나 저는 좀 다른 각도에서 《인형의 집》을 사랑의 가면에 관한 이야기로 읽으려 합니다.

노라는 남편을 성심껏 사랑했습니다. 가정을 살뜰히 보살피는 것은 물론 남편이 중병을 앓았을 때는 형편이 넉넉지 않음에도 몰래 큰돈을 빌려 이탈리아에서 요양할 수 있게 해주었을 뿐 아니라 혹시나 그의 자존심이 상할까 염려해 거액을 빌린 사실을 숨기고 자신의 힘으로 갚아나갔지요. 그것을 모르는 남편은 아내를 "철없는 낭비쟁이"라 여겼고요. 노라는 기꺼이 남편을 위무하고 대가로 그의 애정과 보호를 받고자 했습니다. 친구인 린데 부인이 빚에 관한 얘기를 남편에게 털어놓으라고 하자 노라는 이렇게 말합니다.

"토르발이 지금처럼 나를 좋아해주지 않을 때, 그이 앞에서 춤추고 예쁘게 차려입고 재잘대도 즐거워하지 않을 때가 온다면 말이야. 그런 날을 대비해 그이를 감동시킬 거리로 남겨둘 수도 있지."

또 그녀는 일상의 사소한 선택들마저 남편에게 의지합니다. 가장무도회에서 입을 옷을 골라달라든지 마카롱을 먹으려면 허락을 받아야한다든지 하는 식으로요. 한마디로 노라의 사랑은 남편에게 전적으로 의존해 그가 자신을 통제하도록 맡기는 것입니다. 그리고 그녀는 승진을 앞둔 그가 사람들에게 더 큰 힘을 갖게 될 거라며 제 일처럼 기뻐합니다. 남편을 자신과 동일시하는 것이지요.

그런가하면 남편 토르발 역시 아내를 살뜰히 사랑했습니다. 아무 것도 모르고 응석받이로 자란 노라를 험한 세상으로부터 보호하고 아내와 엄마로서 어떻게 처신해야 할지를 가르치며 자신의 뜻에 순종하는 그녀를 귀하게 다루었습니다. 그리고 그 대가로 아내의 존경과 헌신을 받았지요. 협박 사건이 일어나기 전까지 그에게 아내는 그녀를 지키기 위해서라면 목숨을 걸 수도 있는 "가장 귀중한 내 보물, 내 소유"가 분명했습니다. 그리고 아내의 위법행위로 자신의 입지가 흔들릴 수 있다는 위기감이 들자 그는 문제의 원인 — 경솔한 아버지로부터 유전적으로 물려받은 아내의 경솔한 성품 — 을 신속하게 파악하고, 그녀를 "사기꾼"으로 정의한 다음 그에 맞는 적절한 처분 — 나쁜 영향을 미칠 수 있으므로 자녀들에게 접근하지 못하도록 하되 사람들의 시선을 고려해 집에서 내쫓지는 않는 것으로 — 내리기를 주저하지 않았습니다. 그녀가 보물이 아니라 애물이었음이 밝혀진 나쁜 상황에서도 그는 통제력을 발휘해 문제해결에 집중한 것입니다. 크로그스타의 두 번째 편지로 상황이 무마되자 다시 한 번 그의 유연한 대응능력이 돋보입니다.

"나는 당신을 다 용서했어. 오직 나에 대한 사랑 때문에 당신이 그런 짓을 저질렀다는 것을 나도 알아. 당신은 남편을 사랑해야 하는 아내의 의무 그대로 나를 사랑했어. 판단력이 부족해서 잘못된 방법을 선택했을 뿐이야. (중략) 내가 충고를 해주고 당신을 이끌어줄게. 이런 여자다운 나약함이 당신을 두 배나 매력적으로 보이게 해준다오."

요컨대 남편 헬메르 토르발의 사랑은 자신의 의도와 계획에 따라 대상을 조종하는 통제로서 발현됩니다.

의존과 통제는 서로를 필요로 합니다. 그런 측면에서 이들은 잘 맞는 부부일 수도 있고, 만일 협박사건이 없었다면 둘은 서로의 욕구를 충족시켜주면서 단란한 듯 보이는 가정을 오래도록 유지했을 것입니다. 물론 마음의 동굴 깊은 곳에서는 노라의 분노와 헬메르의 불안이 석순처럼 자랐겠지만 말이지요.

그러나 그것은 사랑의 외피를 취할 뿐 건강한 사랑은 아닙니다. 그것을 먼저 깨달은 노라는 이렇게 말합니다.

"8년 세월 동안, 아니 우리가 처음 만났을 때부터 단 한 번도 진지하게 이야기를 나눈 적이 없어요. (중략) 당신은 저를 제대로 이해한 적이 단 한 번도 없어요. 저는 완전히 부당한 취급을 받으며 살아왔어요. 처음에는 아버지, 그 다음에는 당신에게서. (중략) 당신들은 저를 사랑하지 않았어요. 저에게 사랑을 쏟는 것이 즐겁다고 여겼을 뿐이지요. (중략) 이제 와 돌이켜보니 이 집에서 저는 하루 벌어 하루 먹고 사는 거지처럼 살아온 것 같아요. 당신 앞에서 재주를 부리며 겨우겨우 먹고 살았지요. (중략) 당신은 늘 친절했어요. 하지만 우리 집은 그저 놀이터일 뿐이었어요. 친정에서 아버지의 인형 아이였던 것처럼 저는 당신의 인형 아내였어요. 그리고 이 집에서는 아이들이 제 인형이 되어서 살았지요."

대화는 주체 사이에서 일어나는 상호작용입니다. 그런데 스스로 생각하고 이해하고 판단하고 선택하고 책임지지 못하는 자가 '주체'일 수 없으며, 그런 면에서 남편과 한 번도 진지하게 얘기를 나눠본 적 없다는 노라의 발견은 매우 의미심장합니다. 아버지의 예쁘고 착한 딸에서 남편의 예쁘고 착한 아내로 자리바꿈을 했을 뿐 자신은 '주체'가 아닌 '대상'에서 벗어나지 못했음을 아프게 깨닫습니다. 살아있는 사람이 아니라 누군가의 놀잇감인 인형아이에 지나지 않음을요. 노라의 성찰은 거기서 한 단계 나아갑니다. 아버지와 남편에게 대상화된 자신이 엄마로서는 그들과 똑같이 아이들을 통제해왔음을 알아차립니다. 힘의 차이로 인한 역설이지요. 그래서 노라는 이제부터라도 스스로 생각하고 스스로 이해하고 스스로 행동하는 사람이 되기 위해 그동안 스스로를 가두었던 의존의 공간을 나섭니다.

그런데 주체와 거리가 멀다는 점에서는 통제하는 쪽 역시 마찬가지입니다. 누군가 조종할 대상 없이는 통제 자체가 불가능할 뿐 아니라 자신의 뜻대로 대상을 다루면서 자율적이라 착각할 수 있지만 실상은 노라의 남편처럼 자신보다 힘 있다 여기는 것들 – 뭇 사람들의 평판, 밥벌이 체계 등 – 에 꼼짝없이 매어있다는 점에서 주체적이지 못합니다.

그러니까 《인형의 집》은 사랑의 달콤한 가면을 벗겨내고 그 뒤에 의존과 통제가 뒤얽힌 맨 얼굴, 곧 우리가 사랑이라는 이름으로 서로를 어떻게 제한하고 이용하는지, 익숙한 것에 안주하고자 스스로를 어떻게 속이는지를 밝히 드러내 보여줍니다.

애착과 사랑

아내 노라와 남편 토르발의 사랑, 사랑이라는 이름으로 서로를 이용하고 제한하는 그것에 정확한 이름을 찾아준다면, 아마 애착이 아닐까 싶습니다. 그들은 틀림없이 서로를 원하고 살뜰히 아꼈지만, 그것은 상대가 자신의 필요를 채워주어야 한다는 조건을 충족한 경우에 한정된 애정이라는 점에서요. 얘기가 나온 김에 우리가 흔히 혼동하는 애착과 사랑을 구분해볼까요?

생각해보면 우리의 인생은 엄마 4부작입니다. 세상에 나오기까지 아홉 달은 엄마 속에서, 세상에 나와 걷고 말하기까지 2부는 엄마 품에서, 그 후 어른이 되는 동안은 엄마에게서 벗어나, 마지막 4부는 엄마가 되어 라는 부제를 붙일 수 있을 것입니다.

뱃속에서 아기와 엄마는 탯줄로 이어져 있습니다. 탯줄을 끊고 난 후에는 대신 애착이라는 정서의 끈이 둘을 이어주지요. 아기는 태어남과 동시에 죽음과 고립의 공포를 경험하며, 거기서 살아남고자 본능적으로 자신을 돌봐줄 대상을 찾습니다. 아기가 미소를 짓고 눈을 맞추고 울고 붙잡고 빨고 더듬고 옹알거리고 따라다니는 것은 엄마와의 강력한 정서적 결속을 형성하고 유지하려는 본능적 행동이라 할 수 있습니다. 엄마는 그 같은 욕구에 조응하여 아기를 안아주고 눈 맞추고 웃어주고 말을 건네고 토닥이고 쓰다듬고 얼러주고 반겨주면서 보살핍니다. 있을 수 있는 위험으로부터 아기를 보호하고 배불리 먹이고 필요한 것을 적절한 때에 제공하여 쾌적하고 평안하게 해주며, 그것을 한결 같이 지속합니다.

아기에게 엄마는 두려움으로 가득한 세상을 살 수 있게 해주는 구원자이며, 그렇게 맺어진 엄마와의 강력한 정서적 결속은 아기의 마음에 뚜렷한 흔적을 남겨 다른 사람과 친밀한 관계를 형성하는 바탕이 됩니다. 사랑 받은 사람이 사랑할 줄 안다는 흔히 하는 애기처럼 애착이 사랑으로 발전할 수 있다는 것입니다.

하지만 발전이라는 말이 넌지시 드러내듯 애착과 사랑은 매우 다른 감정입니다. 애착과 사랑은 특정 대상에 대한 특별한 유대감와 친밀감을 공유하지만, 그 밖에는 정반대의 속성으로 구별됩니다. 둘의 가장 뚜렷한 차이는 사랑은 이타적인 데 비해 애착은 자기중심적인 데서 나타납니다. 애착은 자신의 안위(安慰)를 위한 것입니다. 대상으로부터 얻고 싶은 것이 확실하지요. 내가 덜 고통스럽고 더 편안하기 위해 대상을 필요로 하는 것입니다. 그런데 사랑은 내가 아니라 상대를 보살핍니다. 상대를 평안하고 기쁘게 하고 싶어 하며 그것을 위해 필요하다면 자신의 불편과 위험을 기꺼이 감수합니다.

또 사랑은 집착하지 않지만 애착은 붙들고 놓지 못합니다. 사랑은 대상을 믿고 위하기에 그가 가까이 있으나 멀리 있으나 그에게 필요한 시간과 공간을 주는 것을 두려워하지 않습니다. 하지만 애착은 멀어지는 것을 참지 못합니다. 대상을 소유한 듯 자신이 원하는 시점에 원하는 곳에 있어야 한다고 고집 부리며 그렇지 않을 때 상대의 사랑을 의심합니다.

그리고 사랑은 사랑하는 두 사람을 모두 북돋웁니다. 주고받음의 크기와 흐름이 때에 따라 다르겠지만 힘이 어느 한쪽으로 기울지 않고 동등한 관계를 유지합니다.

그에 반해 애착은 권력에 집착합니다. 상대보다 자신이 우위에 있어서 상대의 몫까지 자신이 좌지우지하고 싶어 하며, 그것을 위해 다툽니다.

마지막으로 사랑은 길지만 애착은 짧습니다. 애착은 나의 필요와 욕구를 충족하기 위한 것이라서 그것이 달라지거나 더 맞춤한 대상이 나타나면 금세 끝이 납니다. 그에 비해 사랑은 대상의 반응에 관계없이 지속될 수 있습니다. 보상을 바라지 않기 때문이지요.

이런 차이를 모아보면 애착이 아이의 것이라면 사랑은 어른의 것이라 할 수 있습니다. 우리가 아기일 적에 경험하는 애착은 엄마의 사랑이 아니고서는 가능하지 않습니다. 우리는 엄마 품에서 따뜻한 사랑을 먹고 튼튼한 애착을 형성함으로써 살아남는 데 성공한 다음 무럭무럭 자랍니다. 그리고 그 힘으로 엄마의 그늘을 성큼성큼 벗어나 어른이 되면서 두려움에서 시작하지 않는 사랑을 배우지요. 그렇게 어른인 두 사람이 서로를 사랑할 수 있고, 그들이 다시 스스로 부모의 자리에 서면서 엄마에게 받아 익힌 사랑을 아낌없이 자식에게 쏟아 붓습니다. 사랑이 애착을 낳고 그것이 자라 사랑을 열매 맺는 삶의 순환입니다. 이 자연의 흐름을 따르지 못하고 어른의 몸으로 사랑이 아니라 애착하고 있지 않은지 돌아봅니다.

▬ 사람이 사는 집

《인형의 집》에는 두 쌍의 부부가 등장합니다. 정확히 말하면 주인공인 노라와 그의 남편, 그리고 노라의 친구인 린데 부인과 그녀의 첫사랑이자 재혼 상대가 될 크로그스타죠. 그러니까 두 번째 커플은 극이 진행되는 동안에는 정식 부부는 아닌 거죠.

그들의 사연은 이렇습니다. 린데 부인은 처녀 시절 집안 사정이 편치 않았습니다. 홀로 남은 어머니는 중병을 앓았고 거기다 아직 어린 두 동생이 있어 맏딸인 그녀가 어떻게든 식구들을 돌봐야했지요. 연인이었던 크로그스타가 형편이 넉넉했다면 좋았겠지만, 변호사 시보로 일하던 그에게 가족의 장래를 맡길 수는 없었습니다. 그래서 그녀는 크로그스타를 버리고 돈 많은 사업가와 결혼했지요. 그런데 얼마 못 가 남편과 사별하고는 구멍가게를 차리거나 작은 학교를 운영하는 등 살아남기 위해 쉴 새 없이 몸부림쳤습니다. 그렇게 3년이 흘러 어머니가 돌아가시고 동생들이 독립을 하면서 린데 부인은 비로소 가장의 짐을 벗을 수 있었죠.

크로그스타의 전사는 상세하지 않지만 띄엄띄엄 있는 정보를 이어 보면, 약혼자에게 버림받은 후 땅이 꺼지는 좌절을 맛보았지만, 곧 다른 여인과 혼인해 아들들을 두었고, 변호사가 되었습니다. 그런데 사정이 여의치 않아 변호사로서 고리대금업을 겸하게 되었고, 그 과정에서 평판이 나빠졌을 뿐 아니라 부인이 일찍 돌아갔는지 혼자 아이들을 키우는데, 설상가상으로 크로그스타에게 밉보여 일자리마저 잃게 되자 그의 아내를 협박해 해고 위기를 면하려 합니다. 무엇 하나 내세울 것 없는 치졸한 졸장부입니다.

그런데 작가는 이 두 사람의 재회와 결합을 통해 주인공들과는 사뭇 다른 부부 관계가 가능하다는 것을 보여줍니다. 린데 부인은 일만 하며 달려오다가 갑자기 혼자가 된 "무섭도록 허전하고 외로운" 자신의 처지를 털어놓으며, 크로그스타에게 자신이 "일하고 살아가는 목적이 되어 줄 사람, 보살펴야 할 가정"이 되어주기를 부탁합니다.

크로그스타는 잠시 그녀의 제안이 위기에 처한 친구를 구하기 위해 꾸며낸 계책이 아닌지 의심하지만 곧 그녀의 마음을 바로 보면서 묻습니다. "당신은 내가 지금까지 어떻게 살아왔는지 알고 있소? 내가 이 도시에서 어떤 사람으로 통하는지도 알고 있소?" 그녀는 치졸한 협박범인 그의 전모를 알면서도 그가 그럴 수 있었던 사정을 이해합니다.

"당신 같은 분이 절망에 휩싸이면 어떤 일을 벌일지, 저는 아주 잘 알아요."

거친 바다에서 난파되어 뭐라도 잡으려 발버둥치는 몸부림이었음을 헤아려준 것입니다. 그리고 그를 힘 있게 지지합니다.

"저는 당신의 진짜 됨됨이를 믿어요. 당신과 함께라면 기꺼이 무엇이든 할 수 있어요."

그 신뢰에 대한 응답으로 크로그스타는 말합니다.

"고마워요, 크리스티네. 이제 나는 세상 사람들 앞에 당당히 설 수 있는 길을 찾아내겠소."

거창하게 말하면 드라마에서 "난파선의 파편에 매달린 조난자"였던 이 둘은 첫 번째 어긋남을 딛고 서로를 구원하기에 이릅니다. 병든 자신을 구하기 위해 큰 빚을 내고 몇 년 동안 혼자 힘으로 그걸 갚느라 애면글면해 온 아내를, 자신의 명예를 실추시켰다는 단 한 가지 이유로 한 순간에 내치고 아내와 어머니 역할을 박탈한 채 금치산자로 만들려하는 노라 남편의 행태는 린데 부인의 선택과 대조되어 그 이기적 자기중심성이 더할 수 없이 선명하게 드러납니다.

단란한 가정의 표본처럼 시작한 커플은 사랑으로 위장한 이기적 자기중심성의 가면이 벗겨지면서 파경에 이르고, 추운 겨울바람 부는 거리에서 혼자였던 또 다른 두 사람은 네가 나를 위해 있어야 하는 게 아니라 내가 너를 위해 있겠다는 맘으로 부부로서 새로이 출발합니다. 세상에 인형의 집만 있는 건 아닌 거죠.

타란텔라

《인형의 집》의 드라마는 성탄 전야에 일어납니다. 그래서 단란한 가정의 주부인 노라는 극에서 식구들을 위한 선물을 준비하고, 크리스마스 트리를 장식하며, 크리스마스 파티에서 출 춤을 연습합니다.

특히 그 춤은 부부가 요양차 이탈리아에 갔을 때 카프리에서 배운 타란텔라로, 노라의 남편 헬메르는 아내가 정열적이고 관능적인 그 춤을 뭇 사람들 앞에서 멋지게 추어내는 것을 자랑스럽고 사랑스럽게 여깁니다. 그것을 아는 노라는 비밀이 탄로 날 일촉즉발의 위기를 잊기 위해 미친 듯 춤에 빠져들지요. 그런 아내를 보며 남편은 말합니다.

"노라, 목숨 걸고 춤추는 사람 같잖아. 꼭 미치광이 같아. 이제 그만해."

문제의 타란텔라는 구애를 주제로 한 경쾌하고 빠른 스텝의 열광적인 춤으로, 15~17세기 이탈리아의 타란토에서 시작되었다고 합니다. 애초에는 그 지역에 서식하는 거미에게 물렸을 때 나타나는 히스테리를 치유하기 위한 처방이었다고 하고요. 미친 듯이 몸부림치며 땀을 냄으로써 거미의 독을 빼낼 수 있다고 여긴 모양입니다.

하고 많은 춤 중에 노라가 타란텔라를 추도록 한 건 작가가 그 춤의 유래를 알고 있었기 때문일 거란 생각이 듭니다. 온 몸에 퍼진 독을 어쩌지 못해 그 고통에 몸부림치는 것이면서 동시에 살아남기 위한 몸부림이기도 한. 그 독의 이름은 아마도 젠더라는 신화가 아닐까요?

《인형의 집》을 읽고 ___

이번 사후 활동에서는 조각상을 집중적으로 활용해볼까 합니다. 조각상(frozen statue)은 연극치료에서 자주 쓰이는 표현 방식 중 하나로, 특정한 생각이나 감정, 상태 또는 인물을 움직이지 않는 자세로 나타내는 것입니다. 이때 참여자는 자신의 몸을 이용하기도 하고 다른 사람의 몸을 빌려 쓸 수도 있답니다. 표현하고자 하는 주제와 관련한 마음의 상태를 몸으로 포착해 약 2초 정도 호흡을 가누면서 부동자세를 유지하면 됩니다.

먼저 등장인물의 입장에서 본 부부 조각상을 만들어 볼게요. 노라는 자신이 남편과 어떤 모습으로 관계 맺고 있다 느꼈을까를 상상한 다음 아내의 관점에서 두 사람의 조각상을 만들고, 그 다음에는 반대로 남편 헬메르가 느끼는 아내와 자신의 관계 양상을 조각상으로 만들어 보는 거예요.

이때 희곡을 함께 읽는 분들은 한 명씩 차례로 조각가가 되어 다른 두 분을 이용해 부부의 조각상을 만들면 되겠지요. 혼자인 경우에는 주변에 있는 분에게 조각상의 재료가 되어달라고 부탁하거나, 그것이 여의치 않다면 떠오른 이미지를 간단하게 그림으로 그리거나 잡지 등에서 비슷한 사진을 오려 붙이는 방식으로 부부의 관계를 시각화할 수도 있습니다. 또 여러분이 조각가이면서 동시에 조각상이 되어야 할 때도 있을 수 있지요.

어떤 경우든 조각상이 취할 수 있는 자세에는 제한이 없습니다. 꼿꼿이 서거나 어딘가에 기대어 앉을 수도 있고 바닥에 드러누울 수도 있고 때로는 의자나 막대처럼 간단한 소품을 쓸 수도 있어요. 또 온 몸이 딱딱해지도록 긴장을 실을 수도 있고 맺힌 데 없이 부드럽게 이완된 자세도 가능하지요. 대상이 있다면 그를 향해 다가갈 수도 있고 반대로 멀어질 수도 있습니다. 몸을 활짝 여는 몸짓을 취할 수도 있고 폐쇄적인 자세로 외부와의 접촉을 최소화할 수도 있고요. 그리고 시선과 얼굴의 표정에도 당연히 감정이 담기겠지요? 일단 희곡이 여러분에게 남긴 감정에 집중한 다음 그것이 몸으로 절로 나타나게 해보세요. 그런 뒤에 그 조각상을 사진으로 찍고 마치 관객이 된 듯 그것을 음미해보셔도 좋겠습니다.

세 번째는 인물이 아니라 여러분의 관점에서 부부의 관계를 나타내는 조각상입니다. 조각상에 붙여 뭔가 더 표현하고 싶다면 각 인물의 특성을 한 문장 정도의 대사로 집약할 수도 있습니다. 가령 헬메르의 대사가 "내 새장의 아름다운 꾀꼬리!"라면 노라는 "아름다운 꾀꼬리, 아름다운 꾀꼬리!"라고 앵무새처럼 그의 말꼬리를 따라하는 식입니다. 실제 희곡에 있는 대사 중에서 고를 수도 있고, 여러분의 말로 찾아도 좋습니다.

네 번째 조각상은 《인형의 집》을 떠나 여러분의 관계 속으로 들어갑니다. 연인 혹은 배우자일 수도 있고 친구, 스승, 부모, 자식 등 여러분에게 의미 있는 대상을 선택해서 그 분과의 관계를 앞서와 같이 조각상으로 만들어보세요. 한 번에 완성할 수 있을 만큼 두 사람의 역동에 대한 이미지가 뚜렷할 수도 있고 여러 차례 고치고 다듬는 가운데 점차 선명해질 수도 있습니다. 그리고 이 조각상에도 각 인물에게 특징적인 대사를 부여해 보시고요.

이 네 번째 조각상이 여러분과 대상의 현재 관계를 나타낸다면, 마지막 다섯 번째는 그 관계가 앞으로 어떻게 달라지면 좋을지를 상상해 미래의 조각상을 만들겠습니다. 혹 현재의 관계가 고칠 데 없이 만족스럽다면 그대로 두시면 되고요.

다음은 제가 예시로 만든 다섯 개의 조각상입니다. 검은 옷을 입은 쪽이 남편 헬메르 흰 옷을 입은 쪽이 아내 노라죠. 그리고 마지막 두 개의 조각상은 저와 남편의 관계를 염두에 두고 만들어 보았어요.

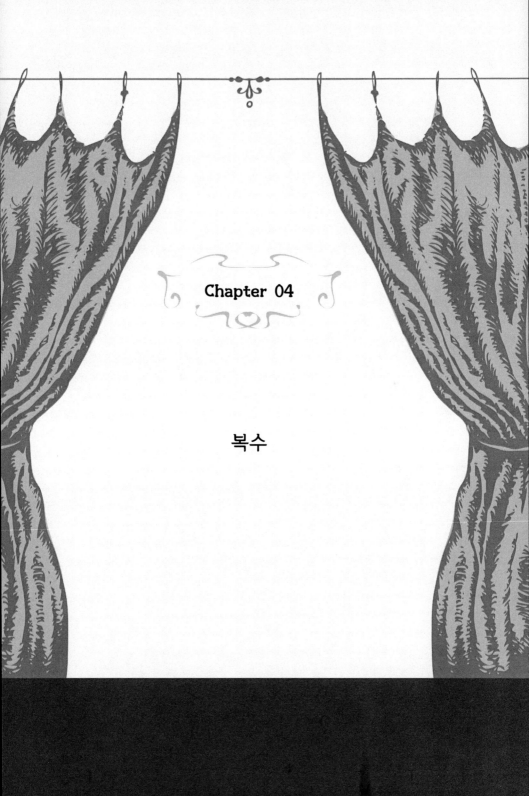

Chapter 04

복수

태풍

월리엄 셰익스피어는 약 24년 동안 38편의 희곡을 쓴 후 은퇴해 고향에서 말년을 지냈는데, 그의 마지막 작품이 《태풍》입니다.

동생 안토니오의 음모로 밀라노 공국의 대공 자리에서 밀려나 세 살배기 딸과 무인도에 유폐된 프로스페로. 드라마는 그 후 12년이 지난 어느 하루의 이야기를 다룹니다. 프로스페로는 마법의 힘으로 동생 안토니오와 나폴리 공국의 왕과 귀족들이 탄 배가 태풍을 만나 그가 사는 섬에 표류하게 만들고 간신히 살아남은 그들이 섬에서 죽음의 공포와 삶의 모멸을 맛보게 합니다. 하지만 그 뒤에는 복수심을 거두고 나폴리 대공의 아들 페르디난드와 자신의 딸 미란다의 결혼을 축복하면서 가해자들에게 화해를 청합니다.

어찌지 못할 욕망과 정념에 사로잡혀 자기 자신과 주변 사람을 파국으로 몰고 간 비극적 인물들의 이야기 속에서 작가 스스로도 지쳤을까요? 무대를 떠나며 그가 남긴 《태풍》은 화해와 용서로 끝맺는 낭만희극입니다. 그런가하면 그가 앞서 탐구하고 구축한 다양한 극적 세계를 압축한 듯 에어리얼이 펼쳐 보이는 마법과 환상의 층위와 알론조, 안토니오, 세바스천으로 대변되는 권력욕의 층위 그리고 페르디난드와 미란다의 낭만적 사랑의 층위가 한데 섞여 있습니다. 또 《태풍》은 메타연극 곧 연극에 관한 연극이기도 합니다. 프로스페로가 요정 에어리얼을 부려 펼치는 마법은 그대로 연극을 은유하며, 드라마 말미에 프로스페로가 "저를 관대하게 놓아 주십시오"라며 관객에게 건네는 대사에는 무대를 떠나는 작가의 심경이 담겨있습니다.

《태풍》은 대가의 마지막 작품에 걸맞다는 상찬을 받기도 하지만, 그의 시대적 한계를 반영하는 모순과 균열을 내포한 문제작이기도 합니다. 그래서 《태풍》은 오히려 참다운 '화해와 용서'에 도달하기 위해 무엇이 필요한지를 돌아보는 데 적합한 텍스트일 수도 있겠습니다. 대가는 오래전에 다녀갔지만 그의 흔적은 여전히 지금 여기에서 새롭게 공명합니다.

프로스페로, 복수자

"혼구멍을 내 주어야지. 내 원수 놈들은 모두 내 손아귀에 있구나."

《태풍》은 무엇보다 프로스페로의 복수담입니다. 그는 드라마에서 이중의 복수를 합니다. 복수의 첫 번째 대상은 12년 전 자신을 밀라노의 왕좌에서 밀어낸 나폴리의 왕 알론조와 동생 안토니오이며, 두 번째 대상은 자신의 목을 베려 모의한 칼리반 일당입니다. 복수를 위해 그는 먼저 폭풍우를 일으켜 그들이 탄 배를 난파시킵니다. 거칠게 뛰노는 파도와 광풍 속에서 성큼 다가온 죽음을 맛보게 하는 것입니다.

"지옥을 텅 비워놓고 악마들이 습격했다!"

그들이 섬에 표착한 후에는 왕과 귀족들을 한패로, 왕자 페르디난드를 혼자, 광대 트린큘로와 주정뱅이 요리사 스테파노를 각각 고립시킵니다. 그렇게 떨어져 서로의 생사를 몰랐기 때문에 알론조 왕은 아들 페르디난드가 죽었다 믿게 되고 5막에서 미란다와 함께 있는 모습을 보기 전까지 자식 잃은 고통에 몸부림쳐야 했습니다. 그 시간은 채 하루가 못 되었지만 《태풍》에서 프로스페로가 행한 복수 가운데 가장 강도 높은 것이라 보입니다.

프로스페로는 또 잔뜩 주린 그들의 눈앞에 산해진미의 식탁을 차렸다가 그들이 군침을 흘리며 음식에 손을 뻗는 순간 식탁이 연기처럼 사라지게 합니다. 말 그대로 줬다 뺏기입니다. 세상의 중심에서 무소불위의 권력을 휘두르던 이들이 한낱 음식 앞에서 무너지게 만든 것입니다. 스스로 모멸스럽지 않을 수 없습니다. 그런 뒤에 괴조로 분한 요정 에어리얼이 나타나 그들에게 말합니다.

"너희 세 사람이 밀라노에서 선량한 프로스페로를 추방했고, 바다에 버리지 않았더냐. 그 죄 없는 딸과 함께 말이다. 이번의 조난은 그 때문에 당하는 바다의 복수다! (중략) 알론조여, 네 아들도 신이 빼앗아갔느니라. 서서히 좀먹어가는 파멸이 너희들 생애의 순간순간을 따라다닐 거다. 이 황량한 무인도에서 반드시 너희 위로 천벌이 떨어질 것이나 피할 길은 단 한 가지, 진정으로 참회하고 깨끗한 생활을 영위하는 길밖에 없느니라."

그들이 잊은 죄를 상기시키고 장차 그 대가를 혹독하게 치르게 될 것이라 저주함으로써 죄책감과 제거할 수 없는 공포를 자극합니다. 그러나 생사를 기약할 수 없는 상황에서도 그들은 페르디난드 왕자의 부재로 후계가 불투명해진 상황을 틈타 왕의 암살을 기도하며, 그것을 예견한 프로스페로는 에어리얼을 통해 그들의 모반을 저지합니다.

만일 에어리얼이 막지 않았다면 안토니오는 알론조 왕과 대신 곤잘로를 없앤 후 세바스천 마저 죽여 밀라노와 나폴리를 독차지하려 들었을 것입니다. 그렇게 동생 안토니오의 손을 빌려 보복할 수도 있었겠지만, 프로스페로는 안토니오와 세바스천이 반역을 시도하되 실패하도록 개입한 뒤 그 사실을 참회하지 않는 안토니오를 압박하는 데 사용합니다.

"자네 두 사람은 내 마음에 따라선 역모자라는 증거를 들어서 왕의 처단을 받게 할 수도 있다만 지금은 잠자코 있겠다. (안토니오에게) 특히 넌 천하의 악당. 동생이라 부르기엔 내 입이 더러워질 너의 극악무도한 죄를 용서해주겠다. 내 요구는 나의 영지를 반환하라는 거다. 넌 내 말에 순종해야 되느니라."

그러나 알론조 일행에 대한 복수는 프로스페로가 아닌 요정 에어리얼에 의해 간접적으로만 실행됩니다. 등장인물이 한 자리에 모인 데서 용서를 선언하는 5막 이전까지 프로스페로는 알론조 일행 앞에 모습을 드러내지 않고, 자신의 계획을 에어리얼에게 대행시킵니다. 그것은 아마도 화해 이후를 고려한 선택일 것입니다. 복수와 화해의 드라마가 모두 프로스페로의 뜻에 따른 것이라 해도, 복수의 연기는 자신이 아닌 다른 인물에게 맡겨 보복 후에 따를 수 있는 원망을 피하려는.

그에 비해 칼리반 일당에 대한 프로스페로의 복수는 직접적이고 노골적입니다. 자신을 죽이고 섬의 왕이 되어 미란다까지 차지하려는 꿈을 꾸었던 대가로 칼리반과 트린쿨로와 스테파노는 죽도록 사냥개들에게 쫓기고 사람들 앞에서 그 기괴한 몰골로 놀림을 당합니다.

"덤벼라, 덤벼! (중략) 거기다, 쉿! 어서 요정들한테 저놈들 팔다리 마디마디마다 맷돌에 갈듯 갈고 쥐가 나게 하고 심줄을 잡아당겨 늙은이 허리모양 꾸부려 줄 것이며 살쾡이의 자줏빛 바둑점 이상으로 푸르퉁퉁한 멍이 들게 꼬집게 해라."

한바탕 그렇게 세 사람을 혼쭐내고 용서받고 싶으면 동굴을 깨끗하게 청소하라 시키면서 프로스페로의 복수는 모두 끝이 납니다. 12년 묵은 원한을 하루 나절 만에 갈무리한 것입니다.

프로스페로, 딸의 아버지

12년 동안 섬에서 별 일 없이 지내던 프로스페로가 일생일대의 복수극을 기획하고 실행에 옮긴 가장 큰 이유는 바로 딸 미란다입니다. 세 살 박이 아기에서 어느덧 열다섯의 아름다운 처녀로 변모한 딸을 바라보며, 더 이상 그녀를 칼리반의 손이 미치는 섬에 가두어 두지 말고 좋은 배필을 찾아주어야겠다 마음먹었을 것입니다.

"모든 게 다 널 생각해서 한 일이란다. 너를 말이다, 사랑하는 너 때문이다."

미란다는 프로스페로에게 왕좌에서 쫓겨나 아무것도 아닌 자가 된 그를 절망에서 끌어올린 구원자이자 새로운 희망으로 하루하루를 이어가도록 한 삶의 이유였습니다.

"너야말로 날 수호해준 천사였어. 넌 하늘이 내려주신 용기를 지닌 듯 얼굴에 미소를 띠고 있었단다. 짜디짠 눈물로 바닷물을 불리고 너무나 비통해서 신음하다가도 네 웃는 얼굴을 보고서는 죽었던 힘이 되살아나고 어떤 화난이 닥쳐온다 해도 참고 견뎌내겠다고 결심했단다."

그런 딸에게 밀라노의 공주라는 본래 지위와 세상을 돌려주어야겠다고 맘먹은 아버지가 해야 할 일은 적지 않았습니다. 그저 복수를 겨냥했다면 굳이 그들을 섬으로 끌어들일 필요가 없었을 것입니다. 폭풍우가 그들을 검은 바다에 수장시키도록 하면 그만일 테니. 하지만 프로스페로의 최종 목적은 미란다를 안전하고 행복한 세계로 인도하는 것이기에, 최대한 평화적으로 밀라노의 왕좌를 되찾으면서 또 선대의 악연이 반복되지 않을 수 있는 방책을 마련해야 했습니다.

그런데 그를 어여삐 여긴 하늘의 도움인지 나폴리의 왕 알론조에게 미란다에게 어울리는 참한 아들이 있었고, 그래서 그 둘의 결혼이 프로스페로가 꾸민 복수와 화해의 드라마의 중심을 차지하게 됩니다. 두 사람이 사랑에 빠지면 밀라노와 나폴리는 자연스럽게 혼인을 통해 서로의 우방이 될 것이므로 전과 같은 역모의 위험은 줄어드는 것입니다.

그래서 프로스페로는 그 일에 전념합니다. 알론조 일행에 대한 보복은 요정 에어리얼에게 일임하고는, 페르디난드가 혼자 있는 상태에서 미란다와 마주치게 하고, 두 사람이 첫 눈에 사랑에 빠지자 페르디난드에게 간첩 혐의를 씌워 허드렛일을 시켜 그의 진심을 확인한 후에 요정들의 가면극으로 두 사람을 축복하며 혼인을 허락합니다.

"보기 드문 순백하고 아름다운 두 사람의 만남이로군. 하늘이여, 두 사람의 앞날에 은총의 비를 내려주소서! (중략) 저들과 같이 기뻐할 순 없지만 이런 기쁨은 처음인걸."

미란다가 《태풍》의 원인이라는 것은 프로스페로의 충분하지 않은 (듯 보이는) 화해와 용서를 이해하게 해줍니다. 필요에 의한, 과거보다 나은 미래, 나의 원한이 아니라 자식의 행복을 위한 용서. 프로스페로는 무엇보다 아버지였던 것입니다.

프로스페로, 꿈을 부리는 자

"여흥은 끝났어. 아까도 얘기했네만 이 배우들은 모두 요정들일세. 이젠 대기 속으로, 그렇지, 엷은 대기 속으로 사라져 버렸지. 이 대지에 뿌리를 내리지 못한 환상의 세계처럼 저 구름 위에 솟은 탑도 호사스런 궁전도 장엄한 신전도 이 거대한 지구도 그래, 지구상의 삼라만상이 마침내 녹아서 지금 사라져 버린 환상처럼 흔적도 남기지 않는 걸세. 우리 인간은 꿈과 같은 것으로 되어 있고 이 허망한 인생은 긴 잠으로 막을 내리게 되지."

인생이 꿈이나 한바탕 연극이라는 건 작가만이 아니라 삶에 대해 깊이 사유한 사람들에게서 흔히 들을 수 있는 이야기입니다. 꿈은 우리가 현실이라 믿으며 경험하는 환영이며 연극 역시 그것이 현실이 아니라는 자각을 의도적으로 잠시 유보하고 우리가 자발적으로 몰입하는 환영입니다. 즉 현실과 다를 바 없는 생생한 경험을 제공하지만 현실이 아닌 환영이라는 게 꿈과 연극의 공통점입니다.

그러므로 인생이 꿈이나 연극이라는 것은 우리가 유일한 실재라 믿는 현실 역시 가능한 하나의 환영이라는 뜻입니다. 꿈을 꾸거나 연극을 보면서(그리고 하면서) 우리는 현실에서와 똑같이 울고 웃지만, 깨어난 뒤에는 꿈에서 무슨 일이 있었던 거기 매이지 않습니다. 마찬가지로 연기를 할 때 무대에서는 맡은 인물의 희로애락에 고스란히 젖어들지만, 공연이 끝나면 또 다른 인물을 연기할 수 있는 배우로 돌아갑니다. 하나의 경험으로서 가치 있지만 그것은 현실과 배우의 존재를 비추는 거울일 뿐 실상이 아니라는 것이며, 나와 내 삶이라는 유일한 실재 역시 한 순간 눈 뜨면 꿈이나 연극 같은 허상이므로 거기 매여 지나치게 고통스러워하거나 자신이 연기한 인물을 자기와 동일시하지 말라는 것입니다.

프로스페로가 12년 묵은 원한을 하루 나절 만에 휘리릭 풀고 화해를 선언할 수 있는 힘 역시 인생을 하나의 꿈으로 멀찌감치 떨어져 조망할 수 있는 데서 비롯된다고 하겠습니다. 밀라노 국왕이던 시절부터 세상 이치를 밝히고 익히는 데 골몰했던 프로스페로를 작가는 마법사로 등장시킵니다. 마법사는 자유자재로 환영을 부려 사람들을 통제합니다. 그런 점에서 신과 유사한 역할이기도 하지요. 현실의 정치권력을 상실한 후 프로스페로는 마법을 통해 그보다 더 큰 영향력을 얻고, 그 힘으로 원수에게 보복하고 딸에게 안전한 미래를 선사합니다.

그런데 에필로그에서 그는 관객을 향해 마법을 포기할 테니 이제 그만 자신을 섬에 잡아두지 말고 족쇄를 풀어 해방시켜 달라고 간청합니다. 사람을 유혹하고 기쁘게 하며 공포에 짓눌리도록 쥐락펴락하는 마법의 강력한 힘을 누구보다 잘 아는 그가 그것을 버리겠다 약속합니다.

그는 그렇게 꿈에서 깨고자 합니다. 자신을 꿈에서 깨지 못하도록 붙잡아두던 (알론조 일행에 대한) 원한과 (공주의 미래에 대한) 공포를 마법의 힘을 빌려 이제 내려놓았으니 더 이상 꿈이 꿈인 줄 모르는, 밀라노의 왕이자 아버지가 자기 자신이라 믿는, 이전의 구속된 삶에서 벗어나 자유로워지고자 하는 것입니다, 자신이 놓아준 에어리얼처럼 말이지요. 그는 5막 1장에서 이미 그렇게 말한 바 있습니다.

"나의 주문으로 그들을 제정신으로 돌아가게 하여 내 목적하는 바를 이루면 이 지팡이를 부러뜨려 몇 십 피트 밑 땅 속 깊이 묻을 테다. 이 마법 책은 측량용 납덩이가 내려가 닿아본 일도 없는 심해의 수심 속에 가라앉히겠다."

그에게 마법은 그것이 환영임을 모르는 자들을 위협하거나 기쁘게 해 뜻대로 움직이는 방편일 뿐이므로, 마법사로서 그것을 휘두르는데 익숙해져 감히 신의 영역을 넘보려들지 않도록 경계하는 것일 수 있습니다. 1막 2장에서 동생 안토니오를 두고 했던 말 ─ "거짓을 밥 먹듯 하는 자가 마침내는 자신을 속이고 그 거짓을 사실로 믿게 되는 거지" ─ 이 자신에게로 돌아올 수도 있음을 알아차린 게 아닐까요. 또 다른 측면에서는 마법을 통해 환영과 실재의 비밀을 터득한 프로스페로가 더 이상 마법에 의지할 필요가 없어진 것으로 읽을 수도 있습니다.

프로스페로, 식민주의자

프로스페로는 다른 어떤 작품의 인물보다 작가인 윌리엄 셰익스피어의 분신에 가깝습니다. 그는 인간의 다양한 욕망과 번민의 환영을 창조해 관객을 사로잡았던 무대의 왕이자 마법사인 것입니다. 그래서일까, 작가는 마지막 희곡에서 프로스페로의 입을 빌려 용서와 화해를 이야기합니다.

"기도는 곧 하늘에 도달하여 신의 자비심을 동하게 하였고 이 몸이 범한 과오를 모두 용서해 줄 겁니다. 여러분도 죄에서 용서받고 싶으실 터인즉 저를 관대하게 놓아 주십시오."

그는 영리하게도 신과 관객에게 자신의 잘못을 사해 줄 것을 미리 부탁하고 있지만, 용서를 위해서는 먼저 그 대상인 죄가 명시될 필요가 있습니다. 그의 죄목은 '식민주의적 인종차별과 착취'입니다. 작가는 희곡 첫 페이지에 《태풍》이 전개되는 장소를 무인도라고 명기합니다. 무인도는 말 그대로 사람이 살지 않는 섬이지요. 그러나 드라마가 전개되는 그 섬에는 프로스페로와 미란다가 표류해 들어오기 전에도 분명히 사람들이 살고 있었습니다. 마녀할멈이라 하지만 어쨌거나 아이를 가진 여인이 있었고 그밖에도 여러 요정들이 살았습니다. 그럼에도 그 곳을 무인도라 한다면 그것은 프로스페로(와 작가)가 본래 섬에 거주한 이들을 자신과 동일한 사람으로 간주하지 않는다, 짧게 말해 사람 취급 하지 않는다는 뜻일 수밖에 없습니다. 실제로 작가는 등장인물을 정리하면서 칼리반에 대해 이렇게 썼습니다.

"프로스페로에게 구조되어 노예가 된 야만적이고 추악한 병신 모습의 괴물."

이 얼마나 자기중심적인 궤변인가요! 프로스페로에게 구조되었다? 오히려 거꾸로 섬과 본래 거기 살던 사람들이 그와 그의 딸을 받아들여 살려준 것이 사실에 가까울 것입니다. 그렇지 않고 두 사람을 침입자로 여겨 쫓아내거나 공격했다면 살아남기 어려웠을 테니 말입니다. 칼리반의 입장에서 본다면 프로스페로는 약한 척 선량한 척 가면을 쓰고 경계를 풀게 하고는 폭력적인 본성을 드러내며 섬을 통째로 집어삼킨 날강도입니다.

"이 섬은 우리 엄마 시코랙스가 내게 준 섬인데, 당신이 빼앗았어. 처음 왔을 때는 내 머릴 쓰다듬고 귀여워하며 열매 넣은 물도 줬지. 낮에 번쩍이는 큰 빛은 무엇이며 밤에 번쩍이는 작은 빛은 무엇인지 가르쳐도 주고. 그래 난 당신이 좋아서 섬의 좋은 것들을 다 얘기해줬어. 맑은 샘과 소금물 구덩이와 불모지와 기름진 땅도 말야. 내가 바보였어! 지금은 당신의 유일한 종복이지만 그 전에 내가 임금이었다고. 그런데 당신은 날 이 딱딱한 바위굴 속에 쳐박아 놓고 섬을 몽땅 강탈해갔단 말야."

야만적이고 추악한 병신이자 괴물? 앞의 대사에 프로스페로는 이렇게 맞섭니다.

"난 널 측은히 여겨 말을 가르치느라고 여간 애를 썼고 틈만 있으면 이것저것 가르쳤다. 너의 무지한 까막눈에다! 자기가 하고 싶은 말도 모르고 짐승처럼 울부짖는 너에게 말을 가르쳐 의사소통이 되도록 해주지 않았느냐. 그랬는데도 네 천성이 하도 흉측해 말을 배웠어도 너하곤 선량한 사람이 같이 살 수가 없는 데가 있단 말이다. 그러니 바위 속에 가둬두지 않을 수 없었다. 사실은 감옥에 처넣어도 모자라지 모자라."

자신과 피부색과 생김새가 다르고 쓰는 말이 다르고 습속이 다르다고 해서 그것이 야만과 추함이 될 수는 없습니다. 그러나 프로스페로는 피부가 검고 자신과 같은 언어를 쓰지 않으며 생활방식이 다르다는 이유로 칼리반을 길들이고 가르쳐 자신과 비슷하게 만들어야 할 미개하고 열등하며 도덕적으로도 함량미달인 존재로 취급합니다. 자신과 다른 것을 차이로 받아들이지 못하고 억지 위계를 씌워 차별하는 전형적인 자기중심적 혐오주의자의 모습이지요. 혹은 그것이 차이에 불과함을 알면서도 자신의 이익과 편리를 위해 의도적으로 사실을 왜곡하는 식민주의자일 수도 있습니다. 노예로 부리는 자가 미개하고 열등하며 비도덕적인 존재여야 그에 대한 자신의 억압과 착취를 인도적 시혜라는 미명으로 포장할 수 있기 때문에 고의적이고 체계적으로 차별과 혐오를 조장하는 것입니다.

프로스페로는 그렇게 칼리반에게서 섬을 빼앗아 지배하고 그에게 허드렛일을 모두 맡겨 노예로 부리면서도 그것이 마땅하고 자신이 그에게 베푼 것이 도리어 크다며 생색을 냅니다. 사실 말과 이름 몇 가지를 가르쳐준 건 칼리반이 아니라 자신의 편익을 위한 것이었음에도 뻔뻔한 줄도 모르고 그렇게 얘기합니다. 그가 동생 안토니오를 비난하며 "거짓을 밥 먹듯 하는 자가 마침내는 자신을 속이고 그 거짓을 사실로 믿게 되는 법"이라 했던 말을 고스란히 자신이 반복하는 것입니다.

그런 그의 모습은 우리를 이등신민이라 부르며 우리말 대신 제 나라 말을 쓰게 하고 철도를 놓는 것이 모두 제국의 은혜라고 강변한 일본이나 아프리카 흑인의 뇌는 백인의 그것보다 작고 대음순이 커서 태생적으로 열등하고 부도덕함을 과학적(!)으로 입증했던 유럽 열강의 후안무치한 행태와 그대로 겹칩니다. 작가 윌리엄 셰익스피어는 대영제국이라는 자기중심적 명명 아래 영국이 세계 각지를 식민지로 만들어 피에 젖은 부를 축적하던 시대를 살았고, 그의 작품에도 자연스럽게 그 식민주의적 관점이 투사된 것입니다.

노년에 이른 거장이 자신의 한 생애를 통해 건져 올린 삶의 정수를 담은 걸작이라 평가받는 《태풍》은 용서와 화해라는 아름다운 가치를 말하지만, '식민주의자들끼리의 용서와 화해'라는 그 한계 역시 분명합니다. 스스로 용서의 주체라고만 믿는 프로스페로가 가장 깊이 고개 숙여 감사하고 용서를 구해야 하는 이는 그가 부당하게 평생 동안 노예로 부린 칼리반이며, 그렇지 못할 때 "야만적이고 추악한 괴물"은 칼리반이 아니라 온갖 마법을 부리면서도 제 눈의 들보는 끝내 보지 못하는 프로스페로 자신의 이름일 수밖에 없습니다.

안토니오, 악마보다 악한

"거짓을 밥 먹듯 하는 자가 마침내는 자신을 속이고 그 거짓을 사실로 믿게 되는 법이지. 내 동생도 나의 대리로서 모든 권위를 갖추고 표면상 군주나 다름없이 되자 자신이 정말 공작이라고 생각하게 됐지."

1막 2장에서 프로스페로가 딸 미란다에게 자신이 섬에 유폐된 까닭을 일러주는 대사입니다. 나폴리 공국을 등에 업고 반란을 일으켜 형 프로스페로의 권좌를 차지한 안토니오는 《태풍》에서 매우 중요한 인물입니다. 《태풍》이 복수에서 시작해 용서와 화해로 옮겨가는 드라마라 할 때, 프로스페로의 복수의 대상이자 용서와 화해의 상대가 바로 그의 동생 안토니오일 것이기 때문입니다. 반란을 일으킨 시점의 그는 더 큰 권력을 탐하고 그를 위해 자신이 속한 밀라노를 나폴리의 속국으로 만들기를 주저하지 않으며 형에 대한 국민의 신망을 고려해 죽이는 대신 사고사로 위장할 만큼 간악한 인물로 설명됩니다.

그런 안토니오의 성정과 행동은 12년이 지난 후에도 여일합니다. 조난자가 되어 어딘지 모를 섬을 헤매면서도 그가 가장 힘을 쏟은 일은 다함께 살아남기가 아니라 나폴리의 왕 알론조와 대신 곤잘로를 죽여 왕위를 찬탈하도록 알론조의 동생 세바스천을 부추기는 것입니다.

"내 가슴 속에 양심이란 신(神)은 없습니다. 나와 밀라노 공작 사이에 가령 양심이라는 게 20개 줄서 있다 해도 훼방될 게 없습니다. 스르르 녹아 없어질 테니까요. 여기 대감의 형이 누워 있습니다. 그 밑의 흙덩이나 진배없지요. (목소리를 낮추어) 한 마디로 시체입니다. 그걸 이 충직한 강철로 (단검에 손을 대며) 3인치만 쓰면 됩니다. 그럼 영원한 침상으로 쫓아버릴 수 있습니다."

그의 유혹에 넘어간 세바스천을 이용해 잠든 나폴리 왕을 죽이고 그의 왕좌를 차지하려는 안토니오의 첫 시도는 요정 에어리얼의 방해로 실패합니다. 그러나 그는 프로스페로를 만나기 직전까지도 자신의 계획을 포기하지 않습니다. 3막 3장의 안토니오의 대사입니다.

"(세바스천을 향해) 왕께서 단념하니 잘 됐습니다. 대감, 한번 실패했다고 목적을 버리지 마시고 결정하신대로 밀고 나가셔야 합니다."

그런 그를 두고 아직까지 모습을 드러내지 않은 프로스페로는 "저기 있는 자들 중에는 악마보다도 더 못된 인간이 있소이다"라고 말합니다. 실로 안토니오는 제 욕심을 채우려고 형을 모함하고 거너릴과 리건 두 자매를 유혹하고 이간질해 파국으로 몰아가는 《리어왕》의 에드먼드와 닮았습니다. 《오셀로》의 이아고나 《리처드 3세》의 리처드 3세도 멀리 있지 않지요.

악인으로서의 그의 면모가 더욱 선명해지는 것은 요정 에어리얼이 괴조의 모습으로 나타나 알론조 일행의 죄상을 추궁하며 참회할 것을 요구한 이후입니다. 태풍에 아들을 잃었다고 믿는 왕 알론조는 프로스페로를 배신한 자신의 죄를 두려워하지만, 그의 동생 세바스천과 안토니오는 오히려 악마를 해치우겠다며 칼을 빼들고 발광합니다. 또 인물 모두가 프로스페로의 동굴 앞에 모여 미란다와 페르디난도를 중심으로 화해와 용서를 나누는 장면에서도 정작 안토니오는 마치 그 자리에 없는 사람처럼 굽니다. 형 프로스페로가 눈앞에서 "너의 극악무도한 죄를 하나도 빠짐없이 용서해주겠다"고 해도 아무 말 없이 듣고만 있다가는 요상한 몰골의 캘리번 일행을 보고 세바스천이 던지는 농담에 딱 한 번 맞장구를 치는 것입니다.

나폴리 왕 알론조가 프로스페로에게 용서를 구하고 그의 복권을 약속했기에 당장은 본심을 드러내지 않겠지만, 안토니오는 언제든 검은 욕망의 발톱을 드러낼 악인이며, 그렇기에 《태풍》은 갈등이 깔끔히 해결되는 해피엔딩의 드라마가 아니라 완전히 꺼지지 않은 공포의 불씨를 클로즈업하며 끝나는 영화처럼 후속편을 기대하게 하는 열린 드라마이기도 합니다. 이것은 퇴장의 순간에도 관객이 자신이 다시 나타날 거라 기대하기를 원한 작가의 복선이었을까요?

에어리얼, 프로스페로의 지팡이

《태풍》의 주인공 프로스페로는 마법사입니다. 애초에 그가 동생 안토니오에게 대공의 지위를 뺏긴 것도 국사보다 학문에 뜻을 두어 마법 연구에 골몰했기 때문이고, 간신히 살아남아 섬에 갇혀 지내면서도 그는 마법에 의지해 고통스러운 세월을 견뎠습니다.

그리고 《태풍》은 프로스페로가 마법을 통해 자신을 배신한 동생과 알론조 일당을 응징하고 밀라노 공국에 대한 권리를 되찾는 이야기라 할 수 있는데, 한 가지 독특한 점은 그의 각본에 따라 마법을 부려 이야기를 실제로 진척시키는 인물이 프로스페로가 아니라 요정 에어리얼이라는 사실입니다. 에어리얼은 마치 프로스페로의 요술 지팡이라도 되는 듯 그의 요구를 충실하고도 완벽하게 구현합니다.

프로스페로가 요정 에어리얼을 하인처럼 부리게 된 데는 오랜 사연이 있습니다. 그가 섬에 처음 발을 들였을 때, 에어리얼은 마녀 시코 락스의 눈 밖에 난 탓에 12년 동안 소나무에 갇힌 채 신음하고 있었고, 그것을 발견한 프로스페로스가 에어리얼을 거기서 꺼내주면서 그의 심복이 될 수밖에 없었던 것입니다.

《태풍》에서 에어리얼은 자신의 가족을 죽인 죄를 사함받기 위해 12개의 과업을 이루어야 했던 헤라클레스처럼, 프로스페로에게 매인 처지에서 벗어나기 위해 그가 복수와 용서의 드라마를 완결하고 밀라노로 돌아갈 수 있도록 그의 12가지 명령을 온 힘을 다해 이행합니다. 폭풍우를 일으켜 알론조 일행이 탄 배를 난파시키고, 페르디난드를 이끌어 미란다와 만나게 하고, 잠든 곤잘로를 깨워 암살될 위기에서 구하고, 캘리반 무리를 감시하고, 괴조의 모습으로 나타나 알론조 일행을 정죄하며 참회를 요구하고, 페르디난드에게 가면극을 보여주고, 화려한 옷으로 캘리반 무리를 꼬인 다음 사냥개들로 쫓아 벌을 주고, 알론조 일행을 동굴 앞으로 데려오고, 프로스페로에게 공작의 옷을 가져다 입히고, 부서진 배를 고치고 선원들을 데려오고, 캘리반 무리를 풀어주고, 알론조 일행이 탈 없이 돌아가도록 돌봐주는 것까지, 드라마의 시작부터 끝까지가 모두 에어리얼의 몫입니다.

그런데 에어리얼은 그에 대해 전혀 의문을 품거나 반발하지 않습니다.

"주인님, 무슨 분부이옵니까? 하명만 하십시오. 하늘을 날고 물속을 헤엄치며 불 속에 뛰어들고, 뭣이든 분부만 하시면 그대로 마디마디 거행하겠습니다."

오히려 에어리얼의 순종은 약속 이행에 그치지 않고 자유의 몸이 되기를 원하는 게 맞나 싶을 만큼 주인인 프로스페로의 인정을 원합니다.

(프로스페로의 귀에 대고) "어떻습니까, 제 솜씨가요?"

프로스페로도 그런 에어리얼을 몹시 아껴 이렇게 말합니다.

"참으로 멋진 녀석이로다. 널 해방시켜 주면 난 몹시 섭섭할 거다."

이쯤 되니 프로스페로가 섬을 떠날 때 에어리얼도 따라가겠다고 맘을 바꿔먹지 않을까 하는 생각이 들기도 합니다.

에어리얼은 나무에 갇힌 상태에서 시작해 자신과 외부를 자유자재로 변형하는 힘을 행사하지만 주인 프로스페로에게 매인 노예로 살다가 이야기의 끝에서야 자유를 허락 받습니다. 에어리얼은 분명히 자유를 성취해가고 있지만 주인의 입장과 논리를 내면화하여 입안의 혀처럼 그의 욕구를 알아서 충족시키고 인정을 구하는 방식을 선택했기에 주인이 물리적으로 부재한 상태가 과연 에어리얼에게 진정한 자유를 자동적으로 보장할지는 미지수로 보입니다.

그래서일까요, 1610년에 태어난 《태풍》의 에어리얼에게서 대학만 들어가면 구속과 억압 일체에서 벗어나 어른의 자유를 만끽할 수 있다고 믿으며 아무 질문 없이 시험성적에만 매달리는 우리 시대의 청소년이 연상되기도 합니다.

_ 칼리반, 미개한 자

《태풍》에서 프로스페로의 욕설과 저주를 한 몸에 받아내는 얼간이 캐릭터가 바로 칼리반입니다. "눈자위가 파란 마녀할멈" 시코락스가 낳은 "주근깨 투성이의 괴물딱지 아들놈"인 그는 프로스페로가 아니었다면 그 섬의 왕으로 문제없이 살았겠지만, 그의 등장과 함께 하루아침에 미개한 족속이자 노예로 전락해 종일 그의 욕지거리를 들으며 시중드는 처지가 되었습니다.

그것을 모르지 않는 칼리반은 프로스페로의 마법이 두려워 어쩔 수 없이 복종하면서도 그에게서 배운 말(영어)로 틈날 때마다 그를 저주하고 미란다를 노려 범하려 들기도 하면서 프로스페로의 심기를 거스릅니다.

프로스페로의 또 다른 노예인 요정 에어리얼이 자유를 얻기 위한 전술로 투항과 복종을 택한다면 칼리반은 저항과 모반을 취하는데, 그 대적의 양상이 주도면밀하시 못하고 충동적이고 허술해서 희극적 효과를 자아냅니다. 특히 그의 얼간이 같은 면모가 두드러지는 대목은 2막 2장입니다. 나폴리 왕의 주정뱅이 요리사와 광대를 만나 술을 얻어 마신 칼리반은 신비한 물을 가진 두 사람을 대단한 신이라 믿고 그 발에 키스하며 충복이 되겠다고 맹세합니다. 그리고 프로스페로가 잠든 틈을 타 그를 처치하고 그의 아름다운 딸과 섬 전체를 차지하라며 두 사람을 꼬드깁니다. 자신을 노예로 만든 주인을 벌하기 위해 또 다른 주인에게 복종을 약속하는 것입니다.

그의 이런 미욱한 행동은 프로스페로의 동생 안토니오의 거울상이기도 합니다. 자신의 것이 아닌 형의 권좌를 빼앗았던 그는 세월이 지나도 야욕을 버리지 못한 채 나폴리 왕의 동생이 똑같은 죄를 짓도록 부추깁니다.

칼리반과 안토니오는 정교함의 차이만 있을 뿐 — 그것이 희극과 비극의 차이를 만들기도 하지요 — 두 사람 모두 어리석고 악한 인물의 전형이라 할 수 있습니다.

그래서 이야기의 끝에서 칼리반 일당은 사냥개들에게 죽도록 쫓기고 동굴 앞에 모인 사람들 앞에서 우스꽝스러운 흉물 취급을 당하고 나서야 한바탕 욕설과 함께 프로스페로에게 용서를 받습니다. 그리고 칼리반은 주정뱅이를 신으로 모신 얼뜨기 같은 짓거리를 후회하며 처음으로 수굿해집니다.

드라마에 명시되지는 않지만 그는 아마도 자유를 얻은 요정 에어리얼과 달리 프로스페로와 밀라노까지 동행하지 않을까 싶습니다. 프로스페로에게 칼리반은 그가 섬에서 지낸 시간 그 자체이니 말입니다.

"처음 왔을 때는 내 머릴 쓰다듬고 귀여워하며 열매 넣은 물도 줬지. 낮에 번쩍이는 큰 빛은 무엇이고 밤에 반짝이는 작은 빛은 무엇인지도 가르쳐주고. 그래 난 당신이 좋아서 섬의 좋은 것들을 다 얘기해줬어. 맑은 샘과 소금물 구덩이와 불모지와 기름진 땅도 말이야."

프로스페로가 사랑으로 보살피고 가르쳤음에도 꽃을 활짝 피우지 못한 어리석고 악한 미개인, 그러나 작가는 그런 칼리반에게도 아직 약간의 희망은 있다고 이야기하는 듯합니다. 반면에 탈식민주의적 관점에서 《태풍》을 가장 다르게 읽도록 하는 인물이 바로 칼리반이기도 합니다.

미란다, 순수의 이름

세 살에 섬에 들어와 열다섯이 될 때까지 아버지 프로스페로와 요정 에어리얼과 캘리반 말고 아무도 본 적 없는 미란다에게 육지에서 온 사람들과의 만남은 가히 충격이었을 것입니다.

물론 섬에서도 아버지의 가르침을 받아 밀라노 공국의 공주로서 갖추어야 할 기본적인 교양을 익혔겠지만, 말과 글로 들어 상상하는 것과 오감으로 접하는 것은 다른 차원의 경험이므로, 태풍은 드라마의 어떤 인물보다 빈 서판 같은 그녀에게 전혀 낯선 세계를 선사합니다. 5막 1장에서 페르디난드 왕자와 장기를 두다가 그의 아버지 일행을 만난 미란다는 말합니다.

"어머나, 신기하기도 해라! 훌륭한 분들이 여기 이렇게 많이 계시네! 인간이 이렇게 아름다운 줄 정말 몰랐어! 이렇게 많은 사람들이 살고 있는 곳이니, 침으로 신기하고 멋진 세상인가 봐!"

그리고 그 말을 들은 아버지 프로스페로는 "(슬픈 듯 미소를 지으며) 네겐 신기할 거다"라고 하지요. 세상과 첫 사랑에 빠진 젊은이와 삶에서 그만 놓여나고 싶은 늙은이의 두 마음이 사이도 없이 읽는 이의 심장을 다르게 두드립니다. 올더스 헉슬리 역시 비슷했는지 그는 디스토피아를 그린 자신의 소설 제목을 미란다의 대사에서 따서 「멋진 신세계 Brave New World」라고 지었다지요.

작가는 왜 이야기에 그녀와 나폴리의 왕자 페르디난드를 등장시켰을까요? 두 사람의 관계는 원수지간인 두 가문의 자식이 사랑에 빠졌다는 점에서 그의 전작 《로미오와 줄리엣》을 연상시킵니다. 로미오와 줄리엣의 사랑은 안타깝게도 선대의 역사에 짓눌려 압사하고 말았지만, 《태풍》에서는 반대로 젊은이들의 사랑이 아버지 세대의 묵은 원한을 씻어내고 화해로운 관계를 도모하는 계기로 작용합니다.

물론 여기에도 비관이 끼어들 여지는 얼마든지 있습니다. 사랑은 워낙 움직이는 것이고, 미란다와 페르디난드도 언제까지나 천진한 젊은이가 아니며, 어쩔 수 없는 상황에서 구한 어른들의 용서가 얼마나 진심일지 알 수 없으니 말입니다.

그러나 어떤 일이 펼쳐지더라도 희망은 또 민들레처럼 아무데서나 낮게 피어나니까, 밝고 씩씩하고 자기를 높이지 않는 민들레 같은 미란다들에게 희망을 걸어보아도 좋지 않을까요.

3막 1장에서 프로스페로는 페르디나드의 진심을 확인하기 위해 무거운 통나무 나르기를 시키고, 미란다는 그의 곁에 가지 말라는 아버지의 명을 어기고 이렇게 말합니다.

미란다 :   쉬고 계시는 사이에 제가 통나무를 나르겠어요. 이리 주세요, 제가 쌓겠어요.

페르디난드 : 안 됩니다, 귀한 아가씨. 제가 게으름을 피우며 앉아 있느니 차라리 제 근육이 찢어지고 등뼈가 부서질망정 어찌 아가씨에게 이 천한 일을 시키겠습니까.

미란다 :   당신에게 알맞은 일이라면 제게도 맞을 거예요. 아마 제가 훨씬 수월하게 해낼 거예요. 당신은 마지못해 하지만 저는 하고 싶어서 하는 거니까요.

마지못해 하지 않고, 사랑해서, 하고 싶어서 하는 것! 그것이 미란다를 통해 작가가 우리에게 전하는 희망의 메시지가 아닐까 합니다.

복수에 관한 우화

말 한 마리가 한가로이 풀을 뜯고 있었습니다. 그런데 어디선가 튀어나온 사슴 한 마리가 풀밭을 엉망진창으로 만들고 달아났지요. 기분 좋은 식사를 망친 말은 화가 났고, 사슴을 혼내주어야겠다고 맘먹었습니다. 하지만 도망친 사슴을 어디서부터 어떻게 찾아야 할지, 어떻게 갚아주어야 할지 잘 떠오르지 않았습니다. 마침 그 곳을 지나던 사람이 있어 말은 사정을 얘기하고 도움을 청했지요. 그는 기꺼이 말의 부탁을 들어주었습니다.

"그럼 내가 창을 구해올 테니, 네 입에 재갈을 물리고 올라탈 수 있게 해주겠니? 그러면 사슴을 찾아내 죽여서 네 노여움을 풀어주마."

사슴을 혼내줄 수 있다는 생각에 신이 난 말은 그가 원하는 대로 해주었습니다. 그래서 그 뒤로 일이 어떻게 되었을까요? 사람이 사슴을 찾아 죽여주었지만, 말은 사람을 평생 동안 태우고 다녀야 했답니다.

이 우화는 기원전 6세기에 살았던 그리스 시인 스테시코로스가 한 연설에 나온 것으로, 복수가 앙갚음을 당하는 대상보다 그것을 행하는 주체에게 더 큰 고통을 안겨준다는 사실을 우화답게 간명하고 정확하게 보여줍니다.

말하자면 복수의 무용성을 강조한다 할 수 있습니다. 복수(復讐)는 원수를 갚는다는 뜻입니다. 상대에게 당한 억울한 고통을 그에게 되돌려주는 것. 우리를 살아가게 하는 힘은 여러 가지이지만 그 중 복수는 아주 뜨겁고 강한 동력입니다. 신과의 관계가 헐거워지면서 인간의 드라마를 사로잡은 주제가 복수인 것만 봐도 그것이 끌어내는 에너지가 얼마나 대단한지 짐작할 수 있습니다.

복수는 그것을 하고자 하는 이에게 정의감과 통제감을 부여합니다. 복수자는 일단 부당한 고통을 당한 피해자로서 '이치에 맞지 않는' 일이 발생한 그 상황을 가해자를 벌함으로써 바로잡고자 합니다. 그런 점에서 '나는 옳다'는 정의감을 갖게 되지요. 경우에 따라 복수가 주는 정의감은 부채감의 형태로 작용하기도 합니다. 아버지의 원혼에게 복수를 위탁받은 햄릿처럼 사랑하는 이의 고통을 되갚아주려는 복수자에게는 내가 옳다는 정의감보다 사랑하는 이를 지켜주지 못한 데다 복수마저 실패한다면 자신의 사랑을 입증할 도리가 없다는 절박함이 더욱 클 것입니다.

복수자는 또 어떻게 복수할 것인가와 관련한 전권을 행사합니다. 누구에게, 언제, 어떻게 고통을 가할 것인지를 상상하고 계획하여 실행하는 전 과정이 그의 몫이 되는 것이지요. 그것은 복수의 대상은 물론 그와 관련된 이들의 삶을 복수자가 원하는 대로 움직이겠다는 의지이기도 합니다. 다시 말해 복수자는 복수를 통해 강력한 통제감을 경험합니다. 이 같은 정의감과 통제감이 사람들이 복수를 꿈꾸게 하고 거기에 자신의 자원을 쏟아 붓게 하는 동인이 아닌가 싶습니다.

그런데 스테시코로스의 우화는 그것이 모두 허상이라고 말합니다. 풀밭을 망친 사슴을 벌주기 위해 사람을 고용하고 그래서 사슴을 찾아내 죽이는 데 성공했지만, 말은 그렇게 하는데 든 비용을 사람의 노예가 되는 것으로 치러야 했다고요. 복수가 주는 통제감이라는 게 본디 잠깐 신나고 오래 괴로운 것이며, 자기가 통제하는듯하나 실은 감당 못할 복수심에 자신이 통제당하는 것임을 절묘하게 보여줍니다.

정의감은 또 어떤가요? 사슴이 왜 어디서 갑자기 뛰쳐나와 풀밭을 망가뜨렸는지에 대해 우화는 아무 말이 없습니다. 그것은 말이 그 이유를 궁금해 하지 않기도 하고, 이유가 무엇이든 크게 상관이 없기 때문일 것입니다. 사슴 나름의 피치 못할 사정이 있었든 아니면 사슴이 말의 기분 좋은 식사를 부러 방해하려고 했든, 말은 복수자로서 '너는 내 식사를 망쳤으니 그에 합당한 대가를 치러야 해'라고 나섰을 것이고, 후자의 경우라 해도 그 대가를 죽음으로 치르게 하는 건 옳지 않으니까요. 그런데 우화 속 말의 이런 '부당한 정의감'은 복수자들이 흔히 공유하는 어리석음이기도 해서 있을 수 있고 다룰 수 있는 갈등을 공멸의 파국으로 몰아가곤 합니다.

복수는 이렇듯 무용(無用)할 뿐 아니라 불가능하기도 합니다. 물론 앙갚음을 할 수는 있습니다. 하지만 애초에 복수를 꿈꾸게 하는 것은 상실이며, 잃어버린 것을 애도하는 대신 그 상황을 초래했다고 믿는 대상에게 분노를 폭발시킴으로써 상실감을 우회하는 것이 바로 복수입니다. 그렇기에 설령 복수에 성공한다 해도 잃어버린 것은 잃어버린 그대로인 채 회복할 수 없으며, 복수에 바친 자신의 삶이 또 다른 공동(空洞)이 되어 상실에 상실을 더할 뿐입니다. 그런 의미에서 복수란 시작부터 실패가 예정된 불가능한 기획입니다.

지금까지 복수에 대해 객관적인 듯 얘기했지만 저도 시시때때로 우화 속의 말이 됩니다. 로버트 앨리스가 꼽은 비합리적 신념들 중에서 '나쁜 사람들이 있고 그들은 반드시 비난과 처벌을 받아 마땅하다'는 데서, 이게 왜 비합리적일까 한참 머뭇거리며 되묻기도 하고요. 그러나, 그럼에도 복수가 근본적으로 불가능하고 무용하다는 것을 이렇게 제게 들려주려고 합니다.

한편 '눈에는 눈 이에는 이'라는 관용구로 잘 알려진 고대 바빌로니아의 동태복수법은 복수의 파괴적 측면을 경계하는 것이 인류의 오랜 과제이기도 했음을 알려줍니다. 눈덩이처럼 그 파괴적 영향력이 걷잡을 수 없이 커지는 복수의 속성을 감안하여 복수를 허용하되 입은 피해와 동일한 형태와 강도의 고통을 가하는 것으로 그 한계를 명확히 하고자 한 것이라는 점에서 말이지요.

사회인문학자 프리드리히 글라슬(fredrich glasl)은 집단 내에서 갈등이 진행되는 방식을 관찰함으로써 복수의 역동이 가해자와 피해자를 막론하고 어떻게 모두를 파국에 이르게 하는지를 실증적으로 보여줍니다. 일단 갈등이 촉발되면 그것이 약화되기보다는 감정이 더해지면서 대상의 반응 강도가 점점 커지고 그래서 갈등이 심화되는 방향으로 상황이 진행되는데, 흥미로운 것은 이런 현상이 인간 사회뿐 아니라 동물 집단에서도 공통적으로 관찰된다고 합니다. 그런 의미에서 복수는 초기에 원만히 해결되지 못한 갈등이 점점 더 큰 갈등을 불러냄으로써 공멸을 초래하는, 바꿔 말해 시스템의 출력이 입력량을 늘리는 방향으로 진행되는 양의 되먹임 현상(positive feedback loop)의 일종이라 할 수 있는 것입니다. 그가 분석한 갈등 확대 모델에 따르면 갈등은 다음의 9단계에 걸쳐 격화됩니다.

1. 긴장
2. 양극화
3. 말 대신 행동

4. 편짜기

5. 체면 깎아내리기

6. 술수 쓰기(협박, 이간질 등)

7. 신체 상해

8. 상대방 제거

9. 파국

처음 세 단계는 갈등이 본격화되기 전으로 대화와 화해의 여지를 살려 Win-Win이 가능하다고 합니다. 그런데 그 뒤 4~6단계로 넘어가면 갈등의 긍정적 봉합이 불가능하고 어느 한쪽은 억울하고 손해를 볼 수밖에 없는 Win-Lose 상태가 됩니다. 마지막 7~9단계에서 갈등은 일종의 치킨 게임처럼 변해서 누가 이기는가가 아니라 누가 더 큰 해를 입는가의 문제가 되어 버립니다. Lose-Lose의 공멸을 초래하는 거지요.

우리는 여기서 '내가 당한 만큼 갚아주겠어'라는 태도로 갈등 상황에 임하면 예외 없이 복수에 더 큰 복수를 불러냄으로써 공멸의 파국에 이를 수밖에 없다는 사실을 다시 한 번 확인할 수 있습니다.

미안함에 대하여

미안함은 가능하면 느끼고 싶지 않은 감정이지요. 그래서 우리는 미안함을 저도 모르게 멀리서 얕고 빠르게 지나치려고 합니다. 그런데 진짜 미안하다면 그것을 제대로 전하는 게 옳을 겁니다.

미안함을 다룰 때 가장 나쁜 방식 중 하나는 미안하다고 정확하게 말하지 않고 마치 그런 일은 없었다는 듯 상대에게 잘 해주는 걸로 눙치는 것입니다. 그런 행동의 이면에는 사과하고 용서를 구하면 자신이 약자나 패배자가 되는 듯한 두려움이 있을 수 있습니다. 그러니까 자존심 때문에 미안하다 말하지 못하는 사람은 도리어 그 행동이 자신의 취약함을 드러내는 것임을 알 필요가 있습니다.

부적절한 또 다른 방식은 '나로 인해 상처 받았다면 미안합니다'라고 사과하는 것입니다. 이것은 고통의 책임을 자신이 전적으로 지지 않고 상대에게 전가하는 매우 비겁한 사과입니다. 조금 더 과장하면 사과의 형식을 빈 비난이라고도 할 수 있지요. '내 생각에는 별 거 아닌데 당신이 굳이 거기에 상처를 입었다면 그건 어쩌면 내 언행이 아니라 당신의 문제가 아닐까?'라는 언외의 의미를 내포한다고 볼 수 있으니까요. 뉴스에 나오는 사람들이 이렇게 괘씸한 방식으로 사과하는 걸 자주 볼 수 있습니다.

제가 보기에 앞의 두 방식만큼 나쁘지는 않으나 똑같이 적절하지 않은 또 한 가지는 상대에 대한 미안함보다 자신의 슬픔을 더 강조하는 것입니다. 미안한 행동을 했으므로 사과하는 사람은 당연히 미안함과 더불어 후회, 자책, 좌절, 상실감 등을 느낄 수 있습니다. 그래서 그 같은 자기연민에 취해 상대에게 무엇을 잘못했는지 정확하게 고백하지 않은 채 잘못으로 인한 자신의 슬픔만 표현하는 경우가 왕왕 있습니다. 이런 사과는 무의식적으로 상대보다 자신을 더 중요하게 여기는 자기중심적인 사과일 뿐 아니라 무엇이 미안한지를 정확히 짚고 넘어가지 않기 때문에 반복의 가능성이 높습니다.

살면서 애초에 미안할 일을 만들지 않기란 거의 불가능합니다. 그렇다면 다음 대안은 용기 있게 그리고 침착하게 자신의 잘못을 정확히 인정하고 책임지는 마음으로 적절히 사과하는 법을 익히는 것일 수 있겠습니다.

《태풍》을 읽고 ___

일껏 태풍을 일으켜 원수들을 섬으로 불러들이고도 프로스페로는 유혈 낭자한 복수를 감행하지 않고 오히려 원수의 자식과 딸을 혼인시키는 것으로 재회의 드라마를 마무리합니다. 만일 여러분이 프로스페로라면 이 드라마를 어떻게 이끌고 갔을까요? 내가 프로스페로라면 어떻게 했을지 상상해보는 거예요. 가령 모두를 고립시킨 후 날마다 각자가 가장 고통스러워하는 자극을 주면서 용서를 빌 힘마저 잃어버릴 때까지 평생을 섬에 가두어둘 수도 있을 테고, 에어리얼에게 했듯이 안토니오를 24년 동안(프로스페로가 섬에서 보낸 시간의 두 배인) 나무에 가두어 꼼짝하지 못하게 하고, 알론조는 아들이 죽지 않았다는 사실을 알려주지 않은 채 역시 24년 동안 섬에서 나오지 못하게 할 수도 있습니다. 혹은 모두를 고립시키고 지독한 외로움 속에서 날마다 반성문을 쓰게 하고는 반성과 개선의 여지가 충분하다고 판단될 때 섬에서 풀어줄 수도 있겠지요.

아마 프로스페로도 12년 동안 복수의 시나리오를 수만 번은 고쳐 썼을 것입니다. 그는 복수의 충분한 동기와 능력이 있었음에도 원수들이 만 하루 동안 공포와 절망과 혼돈을 겪게 하는 데서 앙갚음을 멈춥니다. 그는 왜 그런 선택을 했을까요? 혹은 무엇이 그런 선택을 가능하게 했을까요? 인간을 움직이는 힘을 딱 잘라 말하면 사랑 아니면 두려움이라고 하지요. 하지만 하나의 선택을 두고도 사랑의 동기와 두려움의 동기가 함께 작용할 수 있을 것입니다. 그래서 이번에는 프로스페로가 자신이 잃은 것 이상으로 되갚아줌으로써 파국을 초래하는 대신 적절한 분노에서 멈출 수 있었던 힘을 사랑과 공포의 두 측면에서 모두 찾아보도록 할게요. 무엇에 대한 사랑과 무엇에 대한 공포가 복수와 분노 사이에 경계를 만들었을까요? 그것을 각각 한 문장 내외로 정리해보세요. 그리고 그 사랑과 두려움의 동기를 잘 나타낼 수 있는 사물을 주변에서 찾아보세요.

혹시 여러분도 《태풍》의 프로스페로처럼 억울한 일을 당해 복수하고 싶은 적이 있었을까요? 억울함의 크기야 다르겠지만 살다보면 당한 만큼 되갚아주고 싶게 만드는 대상을 피해가기 어려울 것입니다. 그러니까 이번에는 여러분의 원수(!)를 딱 한 명만 떠올려보세요. 그리고 만일 여러분이 마법사 프로스페로처럼 에어리얼을 부릴 수 있다면, 그에게 어떻게 복수해주고 싶은지 마음껏 상상해보세요. 이 상상은 말이나 그림으로 표현하지 않고 머릿속으로만 그려보겠습니다.

얼마나 시원하게 앙갚음하셨는지 궁금하기도 하네요. 이제 환상 속의 복수에서 좀 더 현실적인 분노로 옮겨가 보겠습니다. 아까 프로스페로가 파국적인 복수 대신 적절한 분노를 선택하게 한 사랑과 두려움의 사물을 찾았지요. 그것을 눈에 잘 띄는 곳에 두시고, 이번에는 여러분을 고통스럽게 한 대상에게 말로 분노를 표현해보세요. 그가 무엇을 잘못했는지를 정확하고 단호하게 일러줌으로써 다시 그 경계를 침범하지 않도록 한다는 마음가짐으로요.

혹 도움이 될까 해서 이번에는 제 오래전 얘기를 하나 해볼까 합니다. 대학원을 다니며 조교로 일했을 때 사건이네요. 하루는 제가 하지 않은 일을 했다고 오해한 이가 전화를 해서 일방적으로 어마어마한 욕을 퍼부은 적이 있었습니다. 영문을 몰랐던 저는 있는 대로 욕을 먹고 나서야 전화를 한 사람이 누구고 나를 왜 비난하는지를 파악했고, 그제야 겨우 "당신에게 이런 얘길 들을 일을 한 적이 없으니 끊겠다"고 말한 뒤 부들부들 떨며 수화기를 내려놓았답니다. 그리고 그 일이 있고 한 1년쯤 지났을까 여러 사람이 모이는 술자리에서 제게 욕을 했던 사람과 마주치게 되었어요. 그녀는 어색하게 자신을 소개하더니 별일 아니었다는 듯 가볍게 "그땐 미안했어요"라고 빠르게 말하고는 이내 몸을 돌려 다른 이와 얘길 나누더군요. 전 그때도 어쩔 줄을 몰랐습니다. 받고 싶지 않은 사과를 받아든 채 바보처럼 멍해졌죠.

한 번도 들어본 적 없는 쌍욕을 들어야 할 이유도 없이 무방비 상태에서 무더기로 뒤집어썼던, 그리고 사과 아닌 사과에 어쩔 줄 몰랐던 그 날의 기억은, 중요하지는 않았지만 오래도록 잊히지 않고 잠복해 있다가 누군가 억울한 얘길 하면 곧장 튀어 올라 뒤늦게 절 괴롭히곤 했습니다.

그래서(꼭 그래서는 아닙니다만) 전 진심 없이 하는 의례적인 사과가 참 싫습니다. 아이들이 다투었을 때 어른이 개입해 채 준비가 되지도 않은 아이들에게 억지로 사과하고 화해한 척 마무리를 짓게 하는 것도 교육적이지 않다고 생각하고요.

그런데 얼마 전 TV를 보다 이십 년 전에 내가 하고 싶었던 (그러나 한 마디도 하지 못했던) 말을 속 시원히 해주는 장면을 만났습니다. 영화 '우아한 거짓말'에서 집단 따돌림으로 딸을 잃은 엄마가 가해자의 엄마에게 하는 말이었지요.

"사과하실 거면 사과하지 마세요. 말로 하는 사과는 용서가 가능할 때 하는 겁니다. 받을 수 없는 사과를 받으면 억장에 꽂혀요. 게다가 사과받을 생각이 전혀 없는 사람한테 하는 건 아니지. 그건 저 숨을 구멍 파 놓고 장난치는 거에요. 나는 사과했어. 그 여자가 안 받았지. 그럴 거잖아. 너무 비열하지 않아요?"

진짜 미안하면 미안하다는 말이 잘 안 나오지요. 미안하다는 간단한 말로 용서를 구할 면목이 없다는 걸 잘 아니까요. 그런데 그렇게 별일 아니었다는 표정으로 미안하다 한 마디 하고는 할 일을 다했다는 듯 등 돌린 뻔뻔한 사람을 다시 만난다면, 저 엄마가 한 말을 꼭 들려주고 싶습니다. 진심으로 사과하기 위해서는 적어도 자신이 무엇을 잘못했는지를 정확히 아는 것, 그로 인해 상대가 어떤 고통을 느꼈을 지를 상상하는 것, 그리고 그런 잘못을 다시 하지 않기 위해 무엇이 필요하고 어떻게 노력할 것인지를 고심하는 것이 필요하다고요. 그리고 상대가 들을 준비가 되었는지를 확인한 후 그 고심의 결과를 정중하게 전하는 것이 진짜 사과라고요.

그런 의미에서 한 가지 작업을 더 해보려고 해요. 우리는 대체로 자신을 가해자보다는 피해자의 프레임으로 바라보지요. 하지만 살면서 다른 사람의 마음을 전혀 상하게 하지 않기란 불가능한 일이잖아요. 또 지금까지 얘기했듯이 제대로 된 사과를 한다는 것이 생각보다 어렵다는 걸 알고 있죠. 그래서 누군가 여러분의 기억 속에서 미안한 마음을 전하고 싶은 대상을 떠올려서 그 분에게 보내는 사과의 글을 정성껏 써보시기를 권합니다. 하실 수 있다면 그 편지를 부치셔도 좋겠고요.

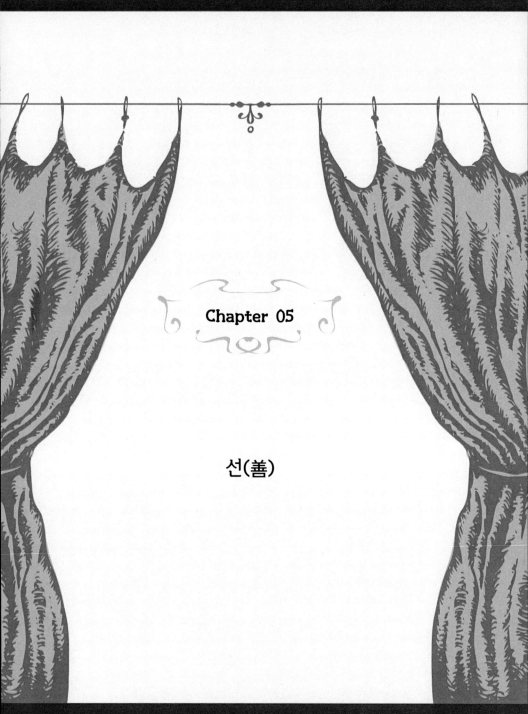

Chapter 05

선(善)

사천의 선인

《사천의 선인》은 베르톨트 브레히트(Bertolt Brecht)가 망명 중에 집필한 희곡으로, 중국의 가난한 도시 사천에서 벌어지는 일을 통해 어떻게 하면 '살아남기'라는 목표와 '선하다'는 가치가 공존할 수 있을까를 관객에게 질문하는 서사극입니다.

이야기의 큰 틀은 지구의 존속 여부를 결정하기 위해 현장 점검을 나온 신들에게서 시작합니다.

"지난 이천년 동안 사람들이 외쳐왔지. 이런 세상에선 도저히 못 살겠다, 아무도 이런 세상에선 착하게 살 수 없다고. 그러니 우리가 우리의 계명을 지킬 수 있는 사람을 찾아보자고."

그리고 그들이 찾는 착한 사람의 중요한 요건은 나그네에게 기꺼이 잠자리를 내주는가입니다. 사천을 돌아다니며 지친 세 신들이 그런 이를 만나지 못해 번번이 거절당하다 몸 파는 여인 셴테의 집에 하룻밤을 묵게 되면서 이야기가 본격적으로 전개됩니다. 신들이 드디어 '착한 사람' 한 명을 찾았다고 기뻐하자 센테는 스스로 직업을 밝히며 자신은 신들이 찾는 착한 사람이 아니라고 합니다.

> "잠깐만 신들이시여! 난 전혀 착한 사람이 아니에요. 물론 착하고 싶지만, 집세는 어떻게 내죠? 고백할 게 있어요. 살기 위해 몸을 팔아요. 하지만 살기가 어려워요. 다른 사람들처럼, 살기 위해선 못할 일이 없죠. (중략) 신들이여! 자신이 없습니다. 모든 게 그렇게 비싼데 어떻게 착할 수가 있죠?"

그녀의 애기를 들은 신들은 계속해서 착한 사람이기를 당부하며 은화 천 냥을 방값으로 치르고 떠나고, 센테는 그 돈으로 담배 가게를 인수해 생존과 선을 동시에 성취하는 새 인생에 도전합니다.

여기까지가 서막의 내용이고 이후 10장에 걸쳐 작가는 센테의 그 도전이 우여곡절을 거쳐 난관에 봉착하는 과정을 자세히 보임으로써, 최종적으로 관객에게 다시 묻습니다.

> "여러분 생각으로는 이 연극이 어떻게 되어야 할까요? 사람들이 변해야 할까요? 아니면 세상이 변해야 할까요? 어떻게? 보다 위대한 신을 믿어야 하나요, 아님 믿지 말아야 하나요? 평범한 우리가 어떻게 착하면서 동시에 부자가 될 수 있죠? 이런 재난에서 빠져나오는 길을 여러분 스스로가 발견해야만 합니다."

《사천의 선인》은 일견 독일 관객에게 그 나라와는 상관없는 중국의 이야기를 들려주는 듯하지만, 그것은 '낯설게 하기'를 위한 방법일 뿐 기독교적인 함의를 짙게 품은 이 드라마는 그를 배경으로 하는 사람들에게 던지는 질문이라 할 수 있습니다. 소수라도 계명을 따르는 착한 사람이 있다면 세상을 멸하지 않겠다는 결의문을 채택한 신들은, 구약에 나오는 소돔과 고모라 일화를 떠올리게 합니다.

악으로 창궐한 두 도시를 심판하려는 신에게 아브라함은 의인 50명만 있다면 도시를 멸하지 말아 달라 간구하고, 신은 흔쾌히 그의 청을 들어주지요. 그런데 50명의 의인이 과연 소돔과 고모라에 있을지 자신할 수 없던 아브라함은 신의 자비를 구할 의인의 수를 45명에서 다시 40명, 30명, 20명으로 줄이다가 급기야 10명으로까지 낮추었습니다. 하지만 소돔과 고모라에는 신의 계명을 지키는 자 10명이 없었을 뿐 아니라 거기 방문한 신의 사자를 성적으로 학대하려 한 대가로 불의 심판을 받아 사라집니다.

또 '나그네의 모습을 한 신의 방문'이라는 모티프 역시 매우 기독교적입니다. 구약에서는 앞서 아브라함이 말한 의인에 해당하는 조카 롯만이 소돔과 고모라를 찾은 천사를 환대하여 제 집으로 들였고, 베들레헴에서 출산이 임박한 마리아와 요셉이 애타게 빈 방을 구했지만 결국 얻지 못하고 마구간에서 아기를 낳았다는 신약의 예수 탄생 이야기 역시 동일한 모티프의 변형입니다.

작가가 이렇게 셴테를 중심으로 한 사천 사람들의 이야기를 착한 사람을 찾는 신들의 여정으로 감싸 액자식 구조를 취한 까닭은 신의 섭리로 포장된 현실의 모순 곧 생존과 선이 공존할 수 없는 사회 구조를 폭로하고, 그에 대한 질문과 책임을 신이 아닌 우리들이 스스로 떠안아야 함을 역설하기 위함일 것입니다.

센테는 정말 착한가?

《사천의 선인》의 주인공 센테는 "빈민가의 천사"라 불릴 만큼 도움이 필요한 이들에게 따뜻한 손길을 내미는 데 주저 없는 인물로 그려집니다. 애초에 착한 사람을 찾으러 세상을 돌아다니는 신들이 묵을 곳이 없어 난처해할 때, 당장 손님을 받지 않으면 방세를 못 내 쫓겨날 처지였음에도 선뜻 낯선 이들에게 방을 내준 것만 보아도 그녀의 선함은 충분히 알 수 있지요.

그런데 작가는 센테에게 약간의 부(富)를 주고 거기서 발생하는 드라마를 통해 자본주의 사회에서 선(善)이라는 가치가 과연 생존과 병립할 수 있는지를 관객에게 묻습니다.

희곡에서 센테는 창녀로 등장합니다. 자신의 몸 밖에는 팔 수 있는 자원과 노동력이 제한된 가난한 자 중의 가난한 자를 나타내는 것이겠지요. 그녀는 신들을 재워준 값으로 은화 천 냥을 받고 그 돈으로 자그마한 담배 가게를 여는데, 문제는 거기서부터 시작됩니다. 갈 데 없고 굶주린 사람들이 찾아와 지낼 곳과 먹을 것을 청하더니 뻔뻔한 요구를 상냥하게 받아주는 센테를 보고는 아예 담배 가게를 들어먹을 기세로 그녀를 옥죕니다. 수이타가 등장하기 전 1장의 상황은 아들로 시작해 네 식구가 모두 고용인으로 들어가 부잣집에 둥지를 트는 영화 '기생충'의 전반부와도 닮았습니다.

도를 넘은 자선의 요구에 경계를 그어야겠다고 판단한 센테는 수이타라는 분신을 창조합니다. 그는 센테를 대신해 거절 못하는 센테가 저지른 빚을 갚고 집요하게 손 벌리는 사람들로부터 거리를 두면서 자기보전의 균형을 맞춥니다.

그러나 수이타라는 대안도 사랑 앞에 무너지는 센테를 지탱하지는 못했습니다. 가난한 비행사 지망생를 사랑한 그녀는 은화 오백 냥만 상납하면 비행사 자리를 얻을 수 있다는 말에 담배 가게를 팔아 뇌물을 마련하려 들지요. 수이타로서 남자의 사랑이 거짓임을 확인하고도, 센테는 그와의 결혼에 몸을 던지지만 남자는 돈줄로 쓸모가 없어진 그녀를 떠나고 맙니다.

그러다가 뱃속에 아이가 생긴 걸 알게 되면서 센테의 인생은 한 번 더 전기를 맞게 되죠. 자식에게만은 절대 가난의 굴레를 물려주고 싶지 않은 그녀는 주변에 퍼주기 바쁜 센테 대신 수이타를 전면에 내세워 자본가로 변모합니다. 담배 공장을 차려 돌봄의 대상이었던 가난한 사람들을 노동자로 고용해 부를 축적하기 시작했지요. 그리고 룸펜으로 지내던 전 남편에게 악독한 감독 역할을 맡기면서 전형적인 자본가의 길을 따릅니다. 노동력을 최대한 착취하고 그것으로 일군 부를 다시 확대재생산하면서 자본의 멈추지 않는 질주에 편승하는 것입니다.

그러니까 《사천의 선인》은 최하위 노동자로서 착했던 센테가 착한 사람으로 살아남으려 애썼지만, 사천이라는 세계에서는 그것이 불가능함을 경험으로 깨달으면서 결국 위험한 착함을 포기하고 안전한 생존을 택하게 된다는 이야기를 들려줍니다.

작가는 이 우화를 통해 자본주의의 비인간성을 드러내고 그에 대한 비판적 각성을 촉발하고자 했고 그의 질문은 80년이 지난 지금에도 유효하다고 생각됩니다.

그런데 그와 좀 다른 각도에서 저는 이 이야기가 그리는 센테의 착함이 의심스럽습니다. 자신의 편의나 편익보다 다른 사람의 그것을 앞세운다는 점에서 센테는 기본적으로 착한 사람이 맞을 겁니다. 하지만 냉정하게 말하자면, 그녀의 자선은 자신의 결핍을 채우려는 이기적이고 위험한 보상행동에 지나지 않는다고도 할 수 있습니다. 도움을 줌으로써 좋은 사람으로 인정받으려 하는데, 그 정도가 지나쳐 자신의 역량을 넘어서는 요구를 거절하지 못할 뿐 아니라 혼인을 빙자해 금품을 갈취하려는 나쁜 남자라는 사실을 알면서도 그와의 관계를 끊지 못하는 것을 볼 때, 셴테의 착함은 자신을 필요로 하는 사람들 없이는 스스로 존립하지 못하는, 내면에 거대한 공동을 가진 사람의 행태라 할 수 있습니다. 건강하지 못하다는 거지요.

셴테의 그림자라 할 수 있는 수이타가 처음에는 적절한 보완자로 기능하는 듯하다가 갈수록 더 냉혹해지는 이유도 셴테가 보여준 이타성이 실은 다른 사람보다 그녀 자신을 위한 도구였기 때문입니다. 명목은 장차 태어날 아기를 위해 어쩔 수 없이 자선보다 생존을 택한다는 것이었지만, 잘 들여다보면 그 결정은 자신의 결핍을 채워 줄 남자를 위해 가난한 사람들의 피난처가 되어준 담배 가게를 미련 없이 처분하려 했던 것과 마찬가지로, 한동안 자신을 떠나지 않을 아기라는 강력한 대상이 나타났기 때문에 다른 사람들의 필요를 간단하게 무시할 수 있었던 거라 읽을 수 있습니다.

자신을 적절하게 돌보지 못하는 이가 다른 사람을 제대로 도울 수 없다는 것을 《사천의 선인》의 셴테가 매우 극적으로 보여줍니다.

▬ 착하다는 것

로버트 랜디의 역할 접근법을 소개할 때 제가 자주 하는 얘기가 있습니다. 사회는 일반적으로 '착하고 능력 있는 사람'을 이상적으로 간주하고 그런 인재를 양성하려 하지만, 연극치료적 관점에서 건강한 사람은 그와 달리 '착하면서 못되고 유능하면서 동시에 쓸모없을 수 있는 사람'이라고요.

우리가 흔히 말하는 착한 사람, 착하다는 것은 크게 세 가지 특성으로 나눠 볼 수 있을 것입니다.

순응성 + 이타성 + 친절성 = 착함

착하다는 것을 넓게 보면 이 세 특성 중 하나라도 나타내는 경우일 테고, 좁게 보면 세 특성을 모두 발휘하는 경우겠지요. 이들 특성은 매우 긍정적으로 발현될 수 있지만 앞서도 말했듯 대립되는 다른 특성과 균형을 이루지 못하면, 그 착함에도 불구하고 도리어 자기 자신과 다른 사람에게 좋지 않은 영향을 주곤 합니다.

착함의 첫 번째 구성요소인 순응성을 볼까요? 순응의 대상은 부모로 대표되는 기존의 가치와 권위이며, 집단이 달라지면 해당 집단과 그를 이끄는 인물들이 표방하는 가치와 권위에 따르는 것이 순응성의 본질입니다. 그러다보니 착한 사람은 대체로 자신의 생각을 드러내지 않거나 자신만의 의견이 없을 때가 많으며, 더 나쁘게는 순응 대상이 잘못된 선택과 행동을 하는 경우에도 두려움에 입을 다물거나 아예 무엇이 잘못되었는지를 모르는 경우가 많습니다. 생각과 판단을 순응 대상에게 일임한 채 순진무구한 무뇌의 팔다리가 될 수 있다는 것입니다.

두 번째 이타성! 나보다 남을 '먼저' 그리고 '더' 위하는 태도는 인간이 갖기 힘든 덕목입니다. 그런데 이타성과 관련해 기억해야 할 것은 스스로를 돌보고 위하지 못하는 사람의 이타적 행동은 자신의 결핍을 외부 자극을 통해 보상하려는 것일 뿐 정말로 남을 이롭게 할 수 없다는 점입니다. 따뜻하다, 고맙다, 너 밖에 없다, 멋지다 등등의 칭찬과 평판을 지나치게 좇다가는 원망과 소진의 늪에 빠질 수밖에 없습니다.

친절성의 함정 역시 비슷합니다. 남들에게 과도하게 친절한 사람은 십중팔구 자기 자신과 가까운 이들에게 소홀할 가능성이 큽니다.

그리고 또 한 가지, 이렇게 순응적이고 이타적이며 친절해서 종합적으로 착하고, 그렇게 착하기를 오래 유지한 사람들은 의외로 강퍅해지기 쉽습니다. 왜냐하면 착한 사람들은 무의식적으로 '나는 옳다'고 믿기 때문이지요. 그리고 '나는 옳다'는 믿음은 너무나 쉽게 '나와 다른 건 그른 것이다'라는 자동적 판단으로 이어지고, 그래서 그것들에 대한 폭력적 반응을 결과하거나 그렇지 않은 경우에도 서로 다른 것들과의 접촉과 교류를 통해 성장하지 못하고 정체되기 마련입니다.

사실 착하기도 어려운데 착함의 그림자를 이리 길게 늘어놓자니 너무한가 싶기도 합니다. 그러나 이왕에 착하려면 제대로 착하자는 뜻이니 착한 분들의 오해가 없기를 바랍니다.

어떤 선택도 나를 위한 것이다

배려나 희생 따위는 없다고 억지 부리려는 건 아닙니다. 다만 그것을 좀 더 가까운 거리에서 들여다보려는 거죠. 희생이란 '다른 사람이나 어떤 목적을 위하여 자신의 목숨, 재산, 명예, 이익 따위를 바치거나 버리다. 또는 그것을 빼앗기다'라고 풀이됩니다. 그렇게 일신의 안위보다 중하다 여기는 대상이나 가치를 위해 헌신하는 것으로서 희생은 우리가 할 수 있는 것들 중에서 가장 어렵고 귀한 행동으로 꼽힙니다.

그런데 여기서 제가 주목하는 건 그것이 자발적일 경우 — 물론 자발적일 때만 희생이라 할 수 있지만 — 희생은 일차적으로 '다른 사람이나 어떤 목적을 위한' 것이지만 그런 선택을 가능케 하는 저변의 힘은 그것을 위해 '자신의 목숨, 재산, 명예, 이익 따위를 바침'으로써 얻어지는 만족감이라는 사실입니다. 그 만족감을 다른 말로 길게 바꾸면 아마 '난 옳은 일을 했어', '이 선택이 사랑하는 이들을 도울 수 있다면 좋겠어', '누군가는 해야 할 일인데 그게 나일 수 있어 영광이야' 혹은 '이렇게 해서라도 모멸과 수치를 벗을 수 있어 다행이야' 등이 될 것입니다.

그러니까 희생은 흔히 100% 이타적인 행동으로 간주되지만 저는 희생 역시 자신의 신념에 부합하는 선택으로써 만족감을 얻는 행위라고 봅니다. 그런 면에서 이기적이라 할 수 있지요. 일반적으로는 이기적인 것을 '자기 자신의 이익만을 꾀하는' 것이라 좁게 보고 그래서 희생이 이기적인 행동이라 하면 어폐라 느껴질 수 있지만, 어쨌든 희생도 자기를 위한 행동이라는 게 제 생각입니다.

희생이 나를 위한 선택이라는 게 확실해지면 따로 보상을 원하지 않게 됩니다. 내가 좋아서 한 일이니까요. 그렇지 않을 때 희생은 반드시 원망으로 돌아옵니다. '내가 사랑하는 너를 위해서, 내가 우리의 중요한 무엇을 위해서 그렇게까지 했는데, 그럼 당연히 너는, 너희들은 내게 이 정도는 해줘야 하는 거 아냐?' 의식적으로든 무의식적으로든 자연스럽게 이런 보상의 심리가 따르기 마련이지요. 크나큰 희생만이 아니라 작은 친절과 별것 아닌 배려 역시 모두 표면적으로는 상대를 위한 것처럼만 보이지만 실은 그것을 베푸는 사람에게 기쁨을 주는 그를 위한 선택일 것입니다.

이를 강조하는 또 한 가지 이유는 그것이 친절, 배려, 희생 따위의 이타적 선택의 경계를 구분해주기 때문입니다. 내가 좋고 기쁠 때까지가 친절이고 배려이며 희생이지 그것을 넘어 내가 불쾌하고 힘든데도 친절과 배려를 베풀 필요는 없다는 것입니다. 누군가에게는 당연하게 들릴 수도 있는 이 얘기가 상담 장면에서 만나는 일부 '착해 빠진' 분들에게는 참 쉽지 않지요. 누군가 그런 고통스러운 친절과 배려를 강요한다면 그것은 친절과 배려라는 미명으로 나를 억압하고 착취하는 것임을 알아차려야 합니다. 그리고 그와 동시에 힘들어 하면서도 멈추지 못하는 친절과 배려와 희생은 선의의 행동이 아니라 결핍의 증상임을 알아차려야 합니다. 몸으로 구별된 개체로 사는 한 어떤 선택도 나를 위한 것이며 모든 선택이 나를 위한 것이어야 한다고, 그럴 때 가장 자연스럽고 편안하게 다른 이들과 연결될 수 있다고 생각합니다.

▄ 시인과 전사

"모든 건물은 외력과 내력의 싸움이야. 바람, 하중, 진동. 있을 수 있는 모든 외력을 계산하고 따져서 그것보다 세게 내력을 설계하는 거야. 아파트는 평당 300kg 하중을 견디게 설계하고 사람들이 많이 모이는 학교나 강당은 하중을 훨씬 높게 설계하고, 한 층이라도 푸드 코트는 사람들 앉는 데랑 무거운 주방기구 놓는 데랑 하중을 달리 설계해야 되고, 항상 외력보다 내력이 세게. 인생도 어떻게 보면 외력과 내력의 싸움이고. 무슨 일이 있어도 내력이 있으면 버티는 거야."

2018년에 방영된 드라마 '나의 아저씨'에서 박동훈이 이지안에게 하는 말입니다. 저는 이 대사를 들으며 마음으로 무릎을 탁 쳤답니다! 경험을 세상에 대한 개인의 반응이라 할 때 그 상호작용의 양상은 크게 두 가지로 나눌 수 있겠지요. 먼저 바깥에서 접촉되는 것을 예민하게 감지하고 흡수하여 자기를 확장하는 방향의 작용이 가능하고, 다른 한 쪽으로는 외부의 침해적인 자극에 대해 경계를 강화하여 자기를 보호하는 작용이 필요합니다.

일반적으로 전자의 작용을 감수성이라고 하죠. 감수성(感受性)은 말 그대로 느끼고 받아들이는 성질로 외부를 향해 자기를 열어 새로운 자극을 품어 안음으로써 그것이 기존의 자기를 흔들고 변형하도록 놓아두는 힘입니다. 그래서 감수성이 강한 사람은 시인이 됩니다. "잎새에 이는 바람"이라는 일상다반사의 자극을 여상히 넘기지 않고 예민하게 포착하여 그 안에 담긴 드라마를 살고 "별을 노래하는 마음으로 모든 죽어가는 것들을 사랑해야지"라고 그것이 자신에게 남긴 흔적을 긴히 간직하여 소리 내서 말하는 것입니다.

그러나 감수성만으로는 싹이 채워지지 않습니다. 자신의 경계를 지킬 힘이 없는 상태에서 감수성만 풍부해지면, 외부 자극에 지나치게 민감하여 변화에 줏대 없이 휘둘리는 상태가 되기 쉬우니까요. 그래서 유연하되 기존의 형태와 체계를 유지할 만한 견고함이 필요합니다. 외부의 과도하거나 부당한 요구와 압력에 저항할 수 있는 그 마음의 힘을 어떻게 불러야 좋을지 몰라 꽤 오랫동안 고심했는데, '나의 아저씨'가 그 답을 아무렇지도 않게 턱 내주었지요.

내력(內力) 또는 응력(stress)은 건축공학이나 기계공학의 기반이 되는 물리학의 용어로 물체가 외부의 힘의 작용에 저항하여 원형을 지키려는 힘을 뜻하며, 응력은 외력이 커짐에 따라 함께 커지지만 그 정도가 재료 고유의 한도에 도달하면 외력에 저항하지 못하고 파괴된다고 합니다. 그래서 응력의 한도가 클수록 강한 재료라고 할 수 있다지요.

재미있게도 응력은 영어로 스트레스입니다. 그러니까 우리가 흔히 '스트레스 받는다'라고 할 때 그것은 외력(外力)에 대해 내가 저항하고 있다는 뜻이 됩니다. 나를 외계에 융합시키지 않고 경계를 지키느라 힘이 든다는 것이지요. 저항하는 그 힘이 나를 나로서, 외부와 구별되는 독특한 정체로서의 존립을 가능케 합니다. 그것은 마치 생물이 감염이나 질병을 막기 위해 병원균을 죽이거나 무력화하는 심리적 면역 작용과도 같아서, 유해한 외부의 자극과 압력에 대해 단호하게 NO라 말하게 합니다. 그렇게 강한 응력은 우리를 외계에 맞서는 전사로 만들며, 그 힘은 매우 중요해서 만일 우리가 응력을 상실하여 스트레스를 버텨내지 못하면 절망에 빠지기 쉽습니다.

요약하면 외력에 대하여 심리적으로는 감수성과 내력의 대립되는 두 힘이 있고, 외부에 순응하는 감수성과 저항하는 내력의 균형이 건강과 성숙에 필수적이라는 말입니다. 누구나 시인이면서 또 전사여야 하는 것이지요.

이런 맥락에서 《사천의 선인》을 다시 읽으면, 셴테는 감수성이 지나치게 강해서 외부의 요구를 무비판적으로 수용하다가 생존 자체가 위협받는 지경이 되자 자기를 지키기 위해 전사인 수이타를 불러내지만 끝내 그 둘을 적절하고 유연하게 병존시키는 데는 실패하는 이야기로 볼 수 있습니다.

《사천의 선인》을 읽고 ___

한 사람이면서 두 인물인 셴테와 수이타가 이 드라마를 이끌어가는 축입니다. 여러분이 느낀 대로 그 대별되는 두 인물의 특성을 잘 나타내는 역할을 찾아 이름 붙여보세요. 선한 사람과 악한 사람, 경계 없는 사람과 경계 짓는 사람, 거절 못하는 사람과 자신을 지키는 사람, 사회화된 사람과 본성에 가까운 사람, 구원자 콤플렉스에 시달리는 사람과 그의 천사 등 다양한 명명이 가능하겠지요.

저는 셴테의 착함이 다른 이의 고통을 제 것으로 느끼는 감수성에 뿌리를 두고 있다고 봅니다. 수이타는 셴테가 갖지 못한 힘, 즉 외부의 자극으로부터 자신을 보호하는 전사로서 호출되었고요. 그러니까 시인의 역할에 고착되어 자기 자신으로서 전사의 역할을 입지는 못한 것이 셴테의 패착일 수 있습니다. 시인과 전사를 양쪽에 두고 여러분은 어느 쪽에 가까운지 혹은 어떤 역할을 연기하는데 취약한지를 점검해보세요. 두 역할을 모두 편안하고 능숙하게 쓸 수 있으려면 둘 중 어떤 역할을 좀 더 연습해야 할까요?

그 다음에는 원하는 위치로 옮겨가기 위해 해당 역할을 구체적으로 어떻게 연습할 수 있을지를 상상해보세요. 글쓰기, 가족과 보드게임하기 등으로 시인을 연습할 수도 있고 화장하기, 가까운 사람들에게 힘든 속내 말하기 등으로 전사를 연습할 수도 있습니다.

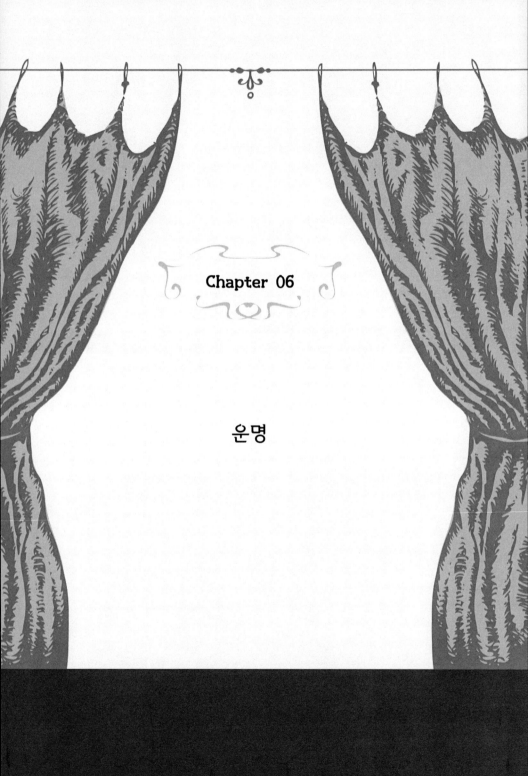

오이디푸스

《오이디푸스》는 기원전 429년에 초연된 비극으로, 이 책에서 다루는 작품들 가운데 가장 오래된 희곡입니다. 또한 그리스 3대 비극 작가로 꼽히는 소포클레스(Sophocles)의 대표작이자 지금까지도 끊임없이 읽히며 다양한 형식으로 재창조되는 고전이지요.

희곡에서 오이디푸스는 테베의 영웅으로 등장합니다. 풀기 힘든 수수께끼로 사람들을 괴롭히던 괴물 스핑크스를 물리치고 비어있던 왕좌에 앉아 불안한 나라에 중심을 세워준 그를 백성들은 "사람 가운데 가장 뛰어난 자"라 부르며 추앙하지요. 그리고 "구원자"인 그의 발아래 엎드려 다시 한 번 역병으로 죽어가는 이들을 살려 달라 애원하는 데서 이야기가 시작됩니다.

테베를 휩쓴 역병의 심상치 않음을 직감한 오이디푸스는 신에게 그 해법을 묻고, 신탁은 선왕 라이오스의 피 값을 제대로 치러야 한다고 말합니다. 이에 고무된 오이디푸스는 범인을 잡는 데 온 힘을 기울일 것을 선포하고, 이때부터 이야기는 선왕을 죽인 자가 누구인가를 파헤치는 범죄 스릴러의 형식을 취합니다.

오이디푸스는 범인을 잡기 위해 예언자 테이레시아스에게 도움을 청하는데, 앞 못 보는 예언자는 라이오스의 살인자는 바로 당신이라고 말합니다. 이해할 수 없는 그 행동에 분기탱천한 오이디푸스는 그가 왕좌를 차지할 목적으로 모략을 꾸민다 믿고 처남인 크레온까지 싸잡아 의심하고 비난합니다. 그러나 아내 이오카스테와 아버지의 죽음을 알리러 온 사자와 목동이 속속 등장하여 사건의 배후가 드러남에 따라 오이디푸스는 무고한 자에서 살인자로, 범죄자에서 다시 친부를 살해하고 친모를 유린한 인간 이하의 존재로 전락하고 맙니다.

그 숨겨진 이야기는 이렇습니다. 태어날 아이가 장차 제 아비를 죽이고 어미와 동침할 것이라는 신탁을 받은 라이오스와 이오카스테는 두려움에 굴복하여 아이를 낳자마자 남의 손에 주어 산에 버렸습니다. 그런데 이를 불쌍히 여긴 목동이 짐승 대신 다른 이에게 아기를 주고, 그렇게 해서 오이디푸스는 이웃나라 코린토스 왕의 아들로 자라게 되었지요. 청년이 된 오이디푸스는 어느 날 자신이 왕의 친자가 아니라는 말을 듣고 신에게 진위를 물으러 갔다가 아비를 죽이고 어미와 동침할 것이라는 무서운 예언을 듣게 되고, 그는 끔찍한 운명에서 벗어나기 위해 그 길로 코린토스를 떠나 정처 없는 방랑길에 올랐습니다. 그렇게 얼마가 흘렀을까, 여러 길이 만나는 곳에 이른 오이디푸스는 우연찮게 싸움에 말려들어 여러 사람을 죽였고, 그 뒤에 스핑크스를 만나 수수께끼를 풀면서 테베를 다스리는 자리에 올랐습니다. 그리고 그렇게 알지 못하는 사이에 무시무시한 신탁을 완성하고는, 그 결과를 통해 뒤늦게 운명을 확인하게 됩니다.

참으로 무시무시한 이야기이고 참으로 가엾은 인간이 아닐 수 없습니다. 가히 오이디푸스는 "신이 미워한 자"라 할 만합니다.

소포클레스가 오이디푸스를 빌려 하고 싶었던 이야기는 과연 무엇일까요? 인간의 행복이란 죽기까지 알 수 없는 것이니 함부로 날뛰지 마라? 신과 운명을 거스를 수 있는 자는 없으니 그 앞에 바짝 엎드려라? 오이디푸스의 비극적 결함(hamartia)인 자만을 타산지석 삼아 까불지들 마라? 너무나 끔찍하고(공포) 너무나 불쌍하지만(연민) 내 이야기가 아니라서 다행이고 또 즐길 만한 값싼 카타르시스? 저는 이 중 어느 것도 아니라고 봅니다. 제가 읽은 오이디푸스는 한계, '내가 어쩔 수 없는 나'에 관한 이야기입니다.

인간됨의 본질을 신과의 비교에서 구한다면 그것은 무엇보다 한계를 갖는다는 데서 찾을 수 있을 것입니다. 태어나고 죽는다는 시간적인 한계, 몸이라는 공간적인 한계, 그리고 그 둘에서 비롯되는 무수한 한계들. 사실 그 한계는 인간 개개의 삶에 고유한 범위를 설정한다는 점에서 삶의 근거라 바꿔 말할 수도 있습니다.

그러나 오이디푸스가 주목하는 한계는 그 중에서도 너무나 끔찍해서 벗어나고 싶지만 그럴 수 없는 것이지요. 존속살해와 근친상간의 운명을 뉘라서 갖고 싶겠는가 말입니다. 그래서 부모도 그도 어떻게든 그 올가미에서 도망치려 발버둥 쳤지만 소용없었고, 끝내는 운명의 한복판에서 죽임을 당하거나 스스로 목숨을 끊었습니다.

그러나 이제까지 운명을 거스르려던 오이디푸스는 아내이자 어미의 주검 앞에서 두 눈을 찌르면서 새롭게 태어납니다. 자신의 한계를 비로소 자신의 것으로 받아들이게 된 것입니다. 고통과 비참함의 크기로만 보면 오이디푸스에게 열린 유일한 문은 죽음일 것입니다. 소포클레스도 코러스의 입을 빌려 그렇게 말하지요.

"장님으로 사느니 더 이상 살지 않는 편이 나을 텐데요."

그러나 오이디푸스는 "내 고통을 견딜 수 있는 사람은 나 밖에 없소"라고 말하며, 자신의 한계를 똑바로 응시하고 자기 것으로 받아 안습니다. 죽음으로써 자신의 한계에 저항하거나 회피하기를 멈춘 것입니다.

'내가 어쩔 수 없는 나를 나로 수용하는 것'은 오이디푸스가 아니더라도 쉽지 않습니다. 가난한 부모에게서 태어난 나, 이혼한 부모의 자식인 나, 대한민국에 태어난 나, 아스퍼거 장애를 가진 나, 못 생긴 나, 성폭행을 당한 나, 자식을 잃어버린 나, 범죄를 저지른 나, 암에 걸린 나, 이 꼴 보기 싫고 수치스러운 나들을 나로 인정할 때 비로소 내 삶이 바로 보이기 시작할 것입니다. 그러지 않고서는 해봤자 소용없는 원망과 분노 그리고 끝이 없는 자책과 슬픔과 외로움에서 헤어나지 못하고 그것들 사이를 무한왕복 할 수밖에 없습니다.

그래서 오이디푸스는 다시 영웅입니다. 세상 사람들의 눈으로는 가장 높은 데서 더 이상 낮아질 수 없는 자리로 한없이 추락했지만, 눈 뜨고도 자신이 누구인지 모른 채 방황하다가 참화를 통해 높고 넓은 시야를 확보함으로써 자신의 한계와 위치를 정확히 알게 됩니다. 내적인 관점에서 오이디푸스는 어두운 자리에서 밝은 자리로 오히려 상승한 것입니다. 잔혹한 운명 혹은 한계의 공포를 피하지 않고 두렵지만 그것을 정면으로 받아 안아 아프게 겪어내는 주인공/나를 슬퍼하는 것, 그것이 진정한 카타르시스고 그것을 통해서 변형이 일어납니다.

삶은 불공평하다

흔히 말하는 성공을 기준으로 보면 우리 삶은 결승선은 모두에게 동일한데 출발선은 각기 다른 이상한 경주의 모양을 하고 있습니다. 남보다 많이 가지고 싶은(돈이든 명예든 권력이든) 욕망은 보편적인데, 재화는 한정되어 있어(그렇지 않은 경우에도 비교우위에 대한 집착이 늘 그렇게 만들지만) 누구나 원하는 만큼 가질 수는 없기에 경쟁에서 이겨야만 하지요. 그런데 그 싸움을 시작하는 조건 자체가 달라 공평하지 않다는 점이 그렇습니다. 누구는 날 때부터 이미 다 가지고 있는가 하면 일평생 죽어라 달려도 제자리걸음을 면하기 어려운 사람도 있습니다. '기울어진 운동장'이라고도 하지요. 사회정치적 차원에서는 그래서 가급적 계층이나 성별, 장애, 성적 취향, 종교, 인종, 지역 간 경쟁력의 격차와 그로 인한 차별을 줄이고 기회를 균등하게 부여함으로써 사회 전체의 통합을 촉진하고자 합니다.

하지만 개인적인 차원에서는 불공평함을 삶의 기본 조건으로 받아들일 필요가 있습니다. 왜 나에게는 이런 부모가 주어졌는지, 왜 내 재능은 이것 밖에 안 되는지, 왜 나는 더 예쁘지 않은지, 왜 나는 이런 병에 걸렸는지, 왜 나는 이 나라에 태어났는지, 왜 나는 남자/여자인지, 왜 나는 이렇게 운이 없는지를 다른 사람과 비교하며 따지는 것은 아무 의미가 없으니까요. 그것은 마치 지구가 둥글려면 한 치 어긋남 없이 고르게 편평해야지 왜 여기는 움푹 꺼지고 왜 여기는 우뚝 솟았냐며 바다와 산에 시비를 거는 것이나 다름없습니다. 그래서 포레스트 검프의 엄마는 아들에게 이렇게 말했지요.

"삶은 초콜릿 상자와 같단다. 어떤 초콜릿을 집게 될 지 아무도 모르거든."

어떤 삶도 똑같지 않습니다. 삶이라는 말로 통칭하지만 우리는 자신이 사는 삶 이외의 것을 속속들이 알지 못하며, 자신으로서만 살아갑니다. 내 삶의 맛은 나만이 아는 것이지요. 그러므로 비교는 사실 엄밀한 의미에서는 가능하지 않은 허구적 행위이며, 나와 내 삶에 대한 불만족을 투사하기 위한 구실에 지나지 않습니다. 애초에 삶은 불공평합니다. 그러니 다른 사람의 것을 곁눈질하며 시기하고 불평하기보다 내가 집은 초콜릿에 집중하여 그 맛을 음미하는 것이 나와 내 삶에 대한 예의일 것입니다.

밀양

2007년 개봉 당시에 한 번 본 후 간간이 떠올리면서도 선뜻 다시 볼 염을 내지 못하다가 요즘 복수와 용서에 대해 이런저런 질문을 하면서 영화를 찬찬히 봐야겠단 생각이 들었습니다. 오래전 본 영화는 기억 속에서 유괴범에게 아이를 잃은 엄마가 그 고통과 싸우는 이야기라는 대강의 줄거리와 그녀가 교도소에서 범인을 만나는 장면 그리고 부흥회에서 목사가 기도할 때 김추자의 '거짓말이야'를 내보내는 장면으로만 남아 있었지요.

그런데 이번에 다시 보면서 영화가 복수나 용서보다 더 큰 이야기를 하고 있다는 생각과 함께 소포클레스의 희곡 《오이디푸스》가 떠올랐습니다. 참담한 고통으로 경험되는 삶 혹은 운명에 대해 어떤 태도를 취할 것인가? 아마도 이 질문이 두 작품의 접점일 것입니다.

《밀양》은 이신애가 아들을 데리고 밀양으로 가는 길에 차가 고장 나 도움을 청하는 장면에서 시작합니다. 남편과 상간녀가 교통사고로 사망한 후 남편의 고향이자 아는 사람이 없는 밀양에서 새 삶을 꾸리려는 것이었지요. 남들은 모두 남편의 외도를 사실로 받아들임에도 불구하고, 그녀는 남편이 자신과 아들을 끔찍하게 아꼈다며 그의 부정을 부인합니다. 배신과 상실의 고통을 직면하지 않기 위해 그녀는 서울을 떠나 밀양으로 온 것입니다.

테베의 오이디푸스도 그랬습니다. 코린토스의 왕자로 잘 살던 그는 어느 날 자신이 아비를 죽이고 어미를 범할 것이라는 신탁을 듣게 되고, 그 무시무시한 운명에서 벗어나기 위해 코린토스를 떠나 이곳저곳을 떠돌다가 자신의 태어난 곳 테베에 이릅니다. 신탁이 이뤄지기까지 그는 테베가 고향인 줄은 까맣게 모르지만 말이지요. 고통을 피하려고 애를 썼지만 그것이 도리어 더 큰 고통을 불러들이는 선택이 되었다는 점에서 오이디푸스와 이신애는 동일합니다.

영화는 아이를 잃고 고통에 몸부림치는 이신애의 모습을 냉정하고 집요하게 따라갑니다. 그러면서 사람들 속에서 살아가지만 고통을 겪어내는 것은 다른 누구와도 나눌 수 없는 혼자만의 몫임을 거듭해서 보여줍니다.

창(窓)은 그 너머의 풍경을 때로는 그것이 없는 듯 고스란히 전하기도 하지만, 안팎의 밝기가 다르거나 작정하고 모습을 감추려 들면 금세 벽(壁)이 되는 구조물이지요. 감독은 신애와 그녀를 둘러싼 사람들이 그 창 앞에서 머뭇거리며 넘어서기를 포기하거나 아예 넘어서지 못하는 장면을 통해 고통 앞에 단독자일 수밖에 없는 우리의 모습을 조명합니다.

십수 년을 지나면서도 강렬하게 남아있던 기억으로는 회개하고 주님께 용서를 얻었다 말하는 범인의 표정에 분명히 과장되고 능글맞은 구석이 있었는데, 이번에 볼 때는 두세 번을 돌려보아도 전혀 그런 기색이 보이지 않아 적잖이 당황스러웠습니다. 관객인 제가 이 정도니 신애는 어땠을까요?

오이디푸스에게는 복수할 사람이 없었습니다. 아비는 이미 제 손에 죽은 지 오래고 어미이자 아내인 여인 역시 스스로 목을 맨데다 신탁 자체를 제외하면 자기 자신이 가해자이자 피해자였기 때문에 신애처럼 분노를 집중시킬 외부 대상을 갖지 못했고 그래서 오이디푸스는 아무것도 제대로 보지 못한 두 눈을 찔러 스스로를 벌하고 테베를 떠나 콜로누스로 갑니다.

범인 찾기의 스릴러 형식을 취한 《오이디푸스》는 상대적으로 오이디푸스가 아비를 죽인 자가 자신임을 알아차리는 과정에 초점을 둔다면, 《밀양》은 신애가 자신에게 주어진 신탁을 제 것으로 받아들이기 위해 고군분투하는 이후의 과정에 더 집중합니다.

아들을 보낸 후 한동안 상처를 어쩌지 못하고 좀비처럼 지내던 그녀는 사망신고를 기점으로 신에게 눈을 돌립니다. 그리고 거기서 위안을 얻지요. 그렇게 창조주의 섭리라는 거대하고 은혜로운 계획에 자신을 포함시킴으로써 부조리한 고통을 용해시키려 애쓰면서 신애는 가해자를 용서 해야겠다 맘먹습니다. 그것이 마지막 도전이라 여겼을 겁니다. 그 장애물만 넘으면 이물감 없는 행복을 누릴 수 있을 거라 기대했을 겁니다.

그런데 감옥 안에서 흉측하고 피폐한 얼굴을 하고 있어야 할 가해

자가, 그녀가 미처 관대한 용서를 선물하지도 않았는데, 이미 평안하고 온화한 미소로 그녀를 맞았습니다. 신에게 속죄하고 용서받았다면서 말이죠.

그를 계기로 그동안 애써 잠재웠던 그녀의 분노는 신에게 옮겨가 폭발합니다. 네가 내 삶을 멋대로 짓밟는다면 나도 네 세상을 있는 힘껏 더럽혀주겠다는 식으로 물건을 훔치고 부흥회를 망치고 장로를 유혹하고 자신을 위한 기도회로 모인 사람들에게 돌을 던지며 급기야는 제 손목을 긋습니다.

저는 오이디푸스 역시 이 원망의 과정이 필요했고, 희곡에 뚜렷이 나타나 있지 않지만 그의 내면에서 분명히 압축적으로 진행되었을 거라 생각합니다. 인간인 한 그렇지 않고서 참혹한 운명을 제 것으로 수긋이 받아 안기란 있을 수 없는 일이니까요.

하늘을 향해 분노하는 일에도 지쳤을까요, 정신병원에서 퇴원하는 신애의 얼굴이 말갛습니다. 피가 흐르는 손목을 붙든 채 거리로 나선 그녀는 낯모르는 사람들에게 말했습니다. 살려달라고. 변곡점은 그때였겠지요. 살기로, 살아내기로, 당신이 내게 또 어떤 고통을 예비했을지 알 수 없지만 그것도 내가 촘촘히 겪어내겠다고 선택한 것입니다.

그러나 그것과의 화해는 생각처럼 만만하지 않습니다. 한 번의 각성이 자동적으로 해피엔딩을 보장하지 않는 것입니다. 영화가 끝나기 전 신애는 한 번 더 하늘을 노려봅니다. 머리를 자르려 들른 미용실에서 하필 범인의 딸을 마주치고, 그녀가 묻는 대로 학교를 때려치웠고 사고 쳐서 소년원에 갔다가 거기서 미용기술을 배웠노라고 대답하던 순간 아이의 눈가가 축축해지는 것을 보고는 머리를 자르다 말고 자리를 박차고 나와 버리지요. 그리고 왜 하필 오늘 나를 여기로 데려왔느냐고 남자(송강호 분)를 다그치다가 그에게 하는 말이 아니라는 듯 찌를 듯한 시선을 하늘로 옮깁니다. 그리고는 집으로 가서 마당에 나와 거울을 보며 혼자 머리를 자르기 시작합니다. 카메라는 잘려진 머리칼을 따라 내려와 지저분한 마당 한구석을 담는데, 거기엔 창을 통하지 않은 햇빛이 바람과 함께 시든 강아지풀 그림자를 흔들며 놀고 있습니다. 그렇게 하늘로만 솟던 그녀의 시선이 가만히 땅으로 내려앉으며 영화가 끝이 납니다.

불쑥불쑥 치받는 고통에 또 하늘에 대고 빈 주먹질을 하겠지만 신애는 조금씩 더러운 마당의 햇빛을 찾아낼 겁니다. 거울을 들고 속없이 웃고 서 있는 남자와 신애 말대로 인테리어를 환하게 바꾸니 장사가 잘된다며 한 턱 내겠다는 옷집 여자와 거리에 내다버렸던 자신을 막 추스르기 시작한 범인의 딸 사이에, 그들 곁에, **빼빼한** 채 비밀스럽게 숨겨진 햇살을 발견해 갈 것입니다.

'밀양'이 《오이디푸스》를 넘어서는 대목이 저는 이것이라 봅니다. 속물 ― 신애가 남자를 그렇다 말하지요 ― 이 그녀를 넘어지게 하지만 그들이 그녀를 다시 일으키기도 한다는 것을 감독은 남자를 통해 낮은 목소리로 말합니다. 그는 도입부에서 신애의 고장 난 차를 고쳐주면서 등장해 영화가 끝날 때까지 내내 그녀의 한 걸음 뒤를 지킵니다. 신애가 비아냥거리듯 '그저 바라만보고 있지'라 노래하지만, 그 시선이 없었다면, 그가 아니었다면, 그녀는 한참 더 메마른 광야를 헤매야 했을 겁니다. 그런 점에서 저는 '밀양'이 삶의 종과 횡이 교차하는 지점을 정확하게 포착했다고 느낍니다.

《오이디푸스》를 읽고

희곡 속의 오이디푸스는 자신이 아버지 라이오스를 살해한 범인임을 알게 되었을 때, 끔찍한 신탁을 피하지 못하고 오히려 그 한가운데로 들어가 그것을 빠짐없이 현실로 만들었음을 깨달았을 때, 두 눈을 찌르고 테베를 떠나기를 청했습니다. 그런데 만약 여러분이 오이디푸스라면 그 상황에서 어떻게 했을지 상상해보세요.

계속 오이디푸스로서 상상을 이어갑니다. 오이디푸스는 과연 누가 가장 원망스러울까요? 자식에게 그런 신탁이 내리도록 화를 자초한 아버지일 수도 있고, 아들을 죽이기로 한 어머니일 수도 있고, 명받은 대로 아기의 목숨을 빼앗지 않고 살려준 목동일 수도 있고 혹은 신탁을 내린 신이거나 또 다른 인물일 수도 있습니다. 그리고 원망의 대상을 선택한 뒤에는 분노를 가득 담아 그에게 하고 싶은 말을 글로 적고 소리 내어 읽어보세요. 아래는 지유적 희곡 읽기 워크숍에 참여한 엄희진 님이 쓴 것입니다.

❝❝

내가 태어나고 싶다고 했습니까?
세상의 빛을 보고 싶다고 당신에게 말한 적 있나요?
왜 당신은 마음대로 나를 이 땅에 태어나게 하고 이런 가혹한 운명을 줍니까?
이렇게 나는 당신이 준 운명대로 되었습니다.
만족합니까? 좋습니까? 재미있습니까?
나는 당신을 저주합니다. 죽는 그 순간까지 당신을 저주할 것입니다.
당신의 예언대로 살아갈 것입니다.
그리고 내가 참혹해질수록 사람들에게 말할 것입니다.

"신은 악마다. 신은 원수다. 신을 저주하라.

그는 우리에게 어떤 좋은 것도 허락하지 않고 우리가 망가지기를 원한다.

그러니 신을 저주하고 또 저주하라."

나는 당신을 저주합니다. 나는 당신을 저주합니다.

이제 당신의 예언대로 되었으니 제발 나를 이 땅에서 거두어 가십시오.

이제 그만 이 고통을 멈추어 주시오, 제발.

'내가 어쩔 수 없는 나' 혹은 '나의 한계'로서 운명의 이미지를 그리거나 적당한 재료를 활용해 만들어보세요. 그리고 그 안쪽에 나의 운명을 글로 적습니다. 운명의 이미지를 완성한 뒤에는 적당한 곳에 그것을 배치하고 그 앞에 서서 "당신을 나로 받아들입니다."라고 말하면서 아홉 번 절을 하겠습니다.[4]

마지막으로 "내 고통을 짊어질 자는 나 밖에 없다"는 관점에서 자

---

4) 연극은 무엇보다 행위 하는 사람의 몸을 통합니다. 마음의 어떤 움직임도 몸을 통해 경험되고 몸을 빌려 드러나지요. 우리는 흔히 마음이 먼저 일어 몸을 움직인다고 봅니다. 마음에 떠오른 생각을 문장으로 세우고 그것을 다시 손가락으로 자판을 눌러 여기에 쓰는 것처럼 말이지요. 하지만 반대의 순서도 성립합니다. 몸의 움직임이 마음을 조형하는 것입니다. 푹신한 운동화를 신었을 때와 9cm 하이힐을 신고 걸을 때의 기분이 전혀 다른 것처럼.

저는 참여자에게 종교적으로 걸리는 게 있는지를 먼저 확인한 다음 괜찮을 때는 간혹 절(拜)을 사용합니다. 절은 몸을 낮추는 동작이지요. 머리와 두 손과 두 다리를 땅에 닿도록 하는 오체투지의 움직임입니다. 몸을 그렇게 반복해서 쓰면 마음이 금세 따라갑니다. 내 밖의 것을 받아들이고 높이게 되는 것이지요. 바로 그것을 위해 절을 사용합니다.

마음의 병은 대체로 받아들여야 할 뭔가를 받아들이지 못함에서 비롯됩니다. 그것이 죽음이든, 나를 학대한 부모든, 못난 나든, 뜻대로 되지 않는 자식이든, 있는 그대로 받아들이는 것이 치유의 전부라 할 수도 있지요. 그래서 한편으로 마음의 일을 해나가면서 몸으로는 받아들이지 못하는 그것을 굴신의 동작을 통해 받아 안도록 촉진합니다. 이것이 제가 생각하는 절의 치료적 의미와 용도입니다.

신에게 편지를 써보세요. 지금까지 운명을 지고 온 수고를 인정하고 지지해주세요. 다음 역시 엄희진 님이 쓴 편지입니다.

안녕, 희진!
어느덧 너는 중년의 나이가 되었구나.
세상에 불만 많고 가진 게 없다고 주어진 게 없다고 불평하던 너인데
지금 이 나이까지 잘 살아왔네.
요즘은 이런 생각이 든다.
누구든 너를 너만큼 이해하지 못하고,
누구든 너의 인생을 너만큼 살아가지 못할 거라고.
난 지금 이 순간의 네가 꽤 마음에 들어.
시간을 되돌려 다른 인생을 살아본다고 해도
글쎄 지금보다 더 잘 살 수 있을까 싶다.
그게 돈을 많이 벌어서나 많은 사람의 인정을 받고 사랑을 받아서는 아니야.
여전히 넌 가진 것도 없고 그냥 평범한 사람이잖니.
그런데도 내가 너를 가장 자랑스러워하고 사랑하게 된 건
잘 견디고 그 마음을 잘 다스려 성장했기 때문이야.
그리고 이제 너를 너로서 받아들이고 앞으로의 길로 나아가려고 한다는 것,
또 그 누구보다 너를 위해 애쓰고 노력한다는 것을 발견하고 알아준다는 점에서
난 그렇게 성장하는 네가 꽤 마음에 든다.
그래서 때론 안쓰럽기도 하고 그러면서 대견하기도 하고 그래.
잘 견뎌줘서 고맙고, 나를 인정하고 사랑해줘서 고맙다.
앞으로 얼마나 시간이 더 있을지, 그동안 어떤 일이 주어질지 모르지만
지금처럼 잘 부탁해.
여태껏 살아온 걸 보면 크게 걱정은 안 한다.
잘 살아줘서 다시 한 번 고맙다! 멋진 녀석.

세일즈맨의 죽음

희곡을 읽다가 몇 번을 손에서 내려놓았는지 모르겠습니다. 페이지를 넘기고 이야기가 진행될수록 무거운 돌덩이가 가슴에 턱턱 쌓아올려지는 느낌이라 그랬을 겁니다.

아서 밀러(Arthur Miller)의 대표작인 이 작품은 미국 대 공황기를 배경으로 한 세일즈맨의 실직과 자살을 통해 자본주의의 비인간성과 아메리칸 드림의 붕괴를 보여주는 가족극이며, 1949년에 초연되었지만 우리나라를 비롯해 전 세계 관객에게 지금도 꾸준히 사랑을 받고 있습니다. 외면하고 싶을 만큼 가슴 아픈 이 드라마가 사람들에게 사랑 받는 이유가 뭘까 생각해봅니다.

주인공 윌리 로먼은 63살입니다. 그는 30년 넘게 세일즈맨으로 이곳저곳을 떠돌며 일을 해서 아내와 두 아들을 부양했지요. 그는 꿈이 큰 사람이었습니다. 17살에 정글로 걸어 들어가 21살에 부자가 되어 나온 형처럼 그는 세상을 정복하고 싶었지요.

"남자가 세상에 난 그대로 맨몸에 빈손으로 갈 수는 없는 거 아니겠어요. 남자라면 뭔가를 세상에 더하고 가야죠."

그러나 현실은 그렇지 못했습니다. 위대한 족적은커녕 몸이 부서져라 일해도 겨우 네 식구 살림살이 꾸리기가 숨이 찼습니다.

"헤이스팅스 냉장고라니, 들어나 봤어? 내 인생에 한 번이라도 좋으니 고장 나기 전에 내 것으로 가져봤으면 좋겠네. 만날 고물만 내 차지야! 막 자동차 할부가 끝나니 폐차 직전이지. 냉장고는 미친 듯이 벨트나 닳아 없애고 있어. 그런 물건들은 유효기간을 정해놓고 나오나 봐. 할부가 마침내 끝나면 물건도 생명이 끝나도록 말이야."

그래도 중년의 그에겐 희망이 있었습니다. 큰 아들 비프. 그는 잘난 아들이 미식축구로 대학에 들어가 자신과는 다른 영웅의 삶을 살 거라 믿었거든요. 하지만 그 꿈도 오래 가진 못했습니다. 아버지가 들려주는 빈드르 한 신화에 취해 자신에 대한 허황된 기대마저 그대로 이뤄질 줄 알았던 어린 아들이 아버지의 치부를 목격하면서 금간 채 위태롭게 둘을 받쳐주던 희망의 사다리가 부서지고 말지요. 윌리 로먼은 아무일 없었다는 듯 달콤한 거짓에 의지해 비루한 일상을 이어갔지만 장성한 두 아들이 영웅은커녕 자신과 다를 바 없는 아니 자신보다 못한 자본주의 사회의 소모품으로 살아가는 현실 앞에서 그 균열을 견디지 못해 내파되다가 종국에는 사망보험금으로 아들의 새 출발을 돕기 위해 스스로 목숨을 끊습니다.

허풍이 좀 세긴 했지만 평생 성실하고 근면한 사람이었는데, 한때 바람을 피우긴 했지만 끝까지 가족에게 헌신적인 사람이었는데, 자기 뜻대로 조종한 감이 없지 않지만 온 마음으로 아들을 사랑했을 뿐인데, 그런 그에게 어째서 저런 참담한 결말이 주어진 걸까요?

윌리 로만이 가엾고 밉습니다, 제 아버지처럼. 이 이야기가 슬프고 무섭습니다. 제 모습이 언뜻언뜻 보여서요. 《세일즈맨의 죽음》은 제게 무엇이(someone) 되고 싶었지만 아무것도 아닌(nobody) 것을 견디다 가야 하는 우리 모두(everyman)의 비극이며, 그것이 이 작품의 비극적 보편성인 듯합니다.

▬ 비프, 찌질한 자의 각성

비프 로먼은 윌리 로먼의 맏아들입니다. 훤칠한 체격에 호감을 주는 용모였는지 고등학교 다닐 적엔 여학생들이 데이트 비용을 내가며 따라다닐 만큼 인기가 좋았지요. 공부는 잘하지 못했지만 미식축구를 꽤 해서 그걸로 대학에 진학할 수도 있었던 듯 하고. 아버지 윌리 로먼은 그런 아들을 무척 아꼈습니다.

> "팀이 등장했을 때, 우리 애가 제일 키가 컸어. 젊은 영웅 같았지. 헤라클레스나 뭐 그런 거. 그리고 태양이, 태양이 온통 아이를 감싸고 있었어."

펀치백을 사주며 세상과 맞서 싸워 이기기를 종용하는 그는 아들의 업적을 늘 과장하고, 아들은 그런 아버지의 기대에 부응하는 것을 제 몫의 일이자 기쁨으로 알았습니다.

"이번 주 토요일이에요. 아빠를 위해서 터치다운을 성공해 보일게요. 아빠, 지켜봐주세요. 제가 헬멧을 벗으면 그건 돌진할 거라는 신호예요. 그러면 터치다운 라인까지 뚫고 들어가는 것을 봐 주세요."

그러나 비프 로먼은 아버지가 그에게서 본 헤라클레스가 아니라 공부보다 노는 게 좋고, 어떻게 하면 여자애들에게 잘 보일까 노심초사 하고, 운동 좀 하는 걸로 거들먹거리며, 손버릇이 좀 나쁘고, 아빠에게 인정받고 싶어 하는 평범한 사내아이였습니다. 만일 그가 수학시험에 낙제한 일로 보스턴에 가지 않았다면, 그는 어렵사리 대학에 들어가 조금 다른 삶을 살았을 지도 모릅니다.

하지만 태양 가까이 다가가는 바람에 날개를 잃고 추락한 이카루스처럼, 아버지를 지나치게 좋아하고 의지한 그는 아버지의 불륜을 목격하고 말았고, 그것을 계기로 자신의 삶을 아무렇게나 던져버렸습니다. 고등학교를 마친 후 15년이 지나는 동안 20~30개의 직장을 철새처럼 전전했고 남의 물건에 손대는 버릇을 고치지 못해 양복 한 벌을 훔친 죄로 감옥에 갇히기도 했지요. 옆집 버나드는 번듯한 직장에 결혼해서 벌써 아들이 둘인데, 34살의 비프 로먼은 결혼은커녕 여태 아버지를 넘어서지 못한 17살 사내아이로, 한동안은 그가 원하는 아들로 살아보려 하다가 수틀리면 금세 포기하기를 반복하며 시간을 허비한 것입니다. 이번에 집에 돌아온 것도 실은 예전에 다녔던 직장 사장에게 돈을 빌려 목장을 해볼 작정이었지만, 아버지의 허황된 부추김에 스포츠 용품 판매로 사업 방향을 바꾸었다가, 사장을 만나지도 못한 채 쫓겨나고서야 누구도 자신에게 그리 큰돈을 빌려주지 않는다는 것을 현실로 맞닥뜨립니다.

그리고 그 실패는 비프 로먼뿐 아니라 거짓과 비밀로 지탱해 온 가족의 가면을 모두 벗겨버립니다. 어릴 적부터 줄곧 자기 자신과 자신이어야 하는 것 사이의, 바닥을 알 수 없는 늪에서 허우적거리던 그는 그 일을 계기로 더 이상 영웅 흉내를 내지 않기로, 아버지의 아들이 아니라 자기 자신으로 살기로, 찌질한 나를 찌질한 대로 받아들이기로 결정합니다.

"아버지는 진실을 알아야만 해요. 아버지는 누군지, 나는 누군지! 전 고등학교 이후 직장마다 도둑질 때문에 쫓겨났어요. 그리고 아버지가 절 너무 띄워 놓은 탓에 전 남에게 명령받는 자리에서는 일을 할 수가 없었어요. 전 금방이라도 사장이 되어야만 했지요. 이제 그런 것들을 끝내려는 거예요. (중략) 아버지! 전 오늘 손에 만년필을 쥐고 11층을 달려 내려왔어요. 그러다 갑자기 멈춰 섰어요. 그 건물 한복판에 멈춰 서서, 하늘을 봤어요. 제가 세상에서 가장 사랑하는 것들을 봤어요. 일하고 먹고 앉아서 담배 한 대 피우는 그런 시간들이요. 그리고 만년필을 보며 말했죠. 뭐 하려고 이 빌어먹을 놈의 물건을 쥐고 있는 거야? 왜 원하지도 않는 존재가 되려고 이 난리를 치고 있어? 내가 원하는 건 저 밖으로 나가 내가 누군지 알게 되는 그때를 기다리는 건데! 전 왜 그렇게 말하지 못하는 거죠, 아버지? (중략) 아버지, 전 이런 놈이에요. 전 아무 것도 아닌 놈이라고요. 반항하는 게 아니에요. 전 그냥 이렇게 생겨먹은 놈이에요. 그뿐이라고요."

나를 사랑하고 내가 사랑하는 사람의 기대를 배반하기란 얼마나 아프고 힘든 일인지, 비프 로먼의 고통이 절절히 전해집니다. 하지만 사랑이라는 이름이 감춘 허위와 강요를 드러내고 거기서 떠날 용기를 냈기에 그는 이 드라마에서 유일하게 변화의 기회를 갖습니다. 아버지 윌리 로먼은 끝내 가던 걸음을 돌이키지 못했지만 그의 아들은 그것을 해냈고 그것이 바로 찌질한 비프 로먼의 청출어람이며, 그와 찌질함을 공유하는 노바디들이 기대할 수 있는 성장의 포인트입니다.

《세일즈맨의 죽음》을 읽고

《세일즈맨의 죽음》을 읽으며 특히 여러분의 마음에 남은 대사가 있을까요? 저는 이 희곡을 읽으며 유난히 제 어린 시절을 떠올리게 되었던 듯해요. 1막에서 비프가 아버지의 손을 잡으며 "이번 주 토요일이에요, 아빠. 이번 주 토요일이요. 아빠를 위해서 터치다운을 성공해 보일 게요"라고 하지요. 저는 그 대사에서 초등학교 다닐 때 달마다 치르는 시험에서 손바닥만한 상장을 타오면, 휘파람을 불며 톱질에 못질에 사포질을 해서 액자를 만들어 벽에 걸어두던 아버지의 모습이 선명하게 떠올랐어요. 그런 아버지를 보며 전 소리 내서 말한 적은 없지만 속으로 비프 같이 얘기했던 것 같아요. '아빠, 다음 시험도 잘 봐서 꼭 상장 타올게요. 아빠가 만든 긴 액자의 빈 칸을 모두 채워 드릴게요'라고요.

2막에서는 아내 린다가 남편에게 하는 말에 밑줄을 굵게 그었답니다. "왜 모든 사람들이 세상을 정복해야 하는 거지요?" 이 대사야말로 제 심정을 정확하게 대변한다고 느껴졌어요. 알렉산더와 칭기즈칸과 나폴레옹은 과연 히틀러와 달랐을까요? 피로 이룬 제국에 열광하는 노예적 DNA가 정말 싫습니다.

2막 뒤쪽에는 비프가 술집에서 만난 아가씨에게 아버지를 이렇게 표현하는 대목이 나옵니다. "포사이드 양, 당신은 방금 왕이 걸어 나가시는 걸 본 거요. 고난을 겪는 훌륭한 왕이죠. 열심히 일했지만 아무도 알아주지 않는 왕이요." 이 세상 모든 가난한 아버지들의 초상이 아닐 수 없습니다. 아버지에 대한 큰 아들 비프의 애정과 원망이 고스란히 느껴지는 대사이기도 하고요. 백발성성한 제 아버지의 머리에 아무도 알아주지 않지만 제 손으로 엮은 꽃관 하나 씌워 드리는 상상도 해봅니다.

여러분도 희곡을 읽으며 마음이 건드려졌던 대사가 있는지 꼽아보세요. 그리고 저처럼 간단한 느낌을 덧붙여 적어보셔도 좋겠습니다.

여러분의 이름은 누가 지어주셨나요? 이름은 그것을 지어준 이가 대상에 대해 어떤 기대와 포부를 품었는지를 잘 보여줍니다. 저는 부모에게 효도하고 매사에 으뜸이 되라는 뜻으로 부모님이 지어주셨답니다. 그런데 효(孝)와 원(元)이 모두 녹록치 않았던 저는 늘 제 이름이 무거웠지요. 그래서 제 아이에게는 가능한 가벼운 이름을 지어주어야겠다 마음먹었고요. 여러분도 이름에 얽힌 이야기들을 떠올려 거기 담긴 세대를 이어가는 원망(願望)의 역사에 귀를 기울여보세요.

아버지들

정호승

아버지는 석 달 치 사글세가 밀린 지하셋방이다
너희들은 햇볕이 잘 드는 전세 집을 얻어 떠나라
아버지는 아침 출근길 보도 위에 누가 버린 낡은 신발 한 짝이다
너희들은 새 구두를 사 신고 언제든지 길을 떠나라

아버지는 페인트칠 할 때 쓰던 낡은 때 묻은 목장갑이다
몇 번 빨다가 잃어버리면 아예 찾을 생각을 하지 말아라
아버지는 포장마차 우동 그릇 옆에 놓인 빈 소주병이다
너희들은 빈 소주병처럼 술집을 나와 쓰러지는 일이 없도록 하라
아버지는 다시 겨울이 와서 꺼내 입은 외투 속에
언제 넣어두었는지 모르는 동전 몇 닢이다
너희들은 그 동전마저도 가져가 컵라면이라도 사먹어라
아버지는 벽에 걸려 있다가 그대로 바닥으로 떨어진 고장 난 벽시계다
너희들은 인생의 시계를 더 이상 고장 내지 말아라
아버지는 동시 상영하는 삼류극장의 낡은 의자다
젊은 애인들이 나누어 씹다가 그 의자에 붙여놓은 추잉껌이다
너희들은 서로가 서로에게 깨끗한 의자가 되어주어라
아버지는 도시 인근 야산의 고사목이다
봄이 오지 않으면 나를 베어 화톳불을 지펴서 몸을 녹여라
아버지는 길바닥에 버려진
붉은 단팥이 터져 나온 붕어빵의 눈물이다
너희들은 눈물의 고마움에 대하여 고마워할 줄 알아라
아버지는 지하철을 떠도는 먼지다
이 열차의 종착역이다
너희들은 너희들의 짐을 챙겨 너희들의 집으로 가라
아버지는 이제 약속할 수 없는 약속이다

생각해보면 아버지는 사라짐으로써 아들에게 세상을 물려주는 존재입니다. 그래서 어쩌면 감히 넘어설 염을 내지 못할 아버지를 가진 아들이 삼류 극장 낡은 의자에 붙은 껌 같이 초라하기 짝이 없는 아버지를 가진 아들보다 불행할지 모릅니다.

'아버지들'은 아버지가 자신의 풀기 빠진 삶을 고백하며 아들에게 전하는 당부 혹은 유언의 형식을 취합니다. 쓸쓸하고 씁쓸하게 반복되는 이 얘기를 한 마디로 줄이면 '나는 바담 풍 해도 너는 바람 풍해라'

쯤이겠지요.

그러나 제 아비를 이기고 세상을 활보하던 아들들도 세월 지나 풀기 빠진 아버지에 자리에 서면 제 아비가 그랬듯 약속할 수 없는 약속으로 저물 것입니다. 그래서 이 시의 제목은 '아버지들'일 수밖에 없습니다.

《세일즈맨의 죽음》의 인물들은 자신의 찌질함을 솔직하게 마주하지 못합니다. 다른 사람들뿐 아니라 자기 자신에게도 그것을 감추기에 바쁩니다. 아버지 윌리 로먼은 종국에 현실과 이상의 간극을 메우지 못해 그 틈으로 추락하고 말지요. 아버지를 그렇게 보내는 자리에서도 "난 형이나 다른 사람들한테 아버지가 허무하게 돌아가시지 않았다는 걸 보여줄 테야. 아버진 훌륭한 꿈을 간직하셨어. 우리가 지닐 수 있는 유일한 꿈이지, 최고가 되는 것. 아버진 여기서 싸웠고 내가 아버지 대신 여기서 쟁취할 거야"라며 목청 높이는, 그를 꼭 닮은 둘째 아들 해피의 미래가 염려스럽지 않을 수 없습니다.

그래도 오랜 방황과 시행착오 끝에 자신의 고통이 어디서 오는지 알아차린 첫째 비프는 자신의 찌질함을 가장 들키고 싶지 않았던 아버지에게 고백합니다. "아버지, 전 이런 놈이에요. 전 아무것도 아닌 놈이라고요. 반항하는 게 아니에요. 전 그냥 이렇게 생겨먹은 놈이에요. 그뿐이라고요." 희곡은 그가 각성하는 데서 멈췄지만, 전 그가 아버지의 죽음을 겪고도 전과 다름없이 살지는 않았을 거라 상상합니다. 여러분도 한 번 상상해보세요. 3년 후 비프가 어디에서 어떤 모습으로 살고 있을지를. 그리고 그가 어머니에게 엽서를 보낸다면 어떤 소식을 전할지를 써보세요.

"전 그냥 이렇게 생겨먹은 놈이에요. 그뿐이라고요."라고 크게 말하고 싶은 사람은 비프 로먼뿐이 아니겠지요? 잘난 이도 잘난 만큼 거기 미치지 못하는 못난 데가 커 보이는 법이니까요. 그렇게 우리는 모두 주인공(hero)이면서 동시에 찌질이(loser)입니다. 주변을 한 번 둘러보세요. 그리고 거기서 여러분의 찌질함을 닮은 물건을 하나 고릅니다. 명품 가방, 형광펜, 돈, 읽지 않은 책, 유아용 포크 등 무엇이든 가능합니다. 주변에 이야기를 나눌 분이 있다면, 왜 그 물건을 골랐는지 설명해주셔도 좋을 거예요.

만일 혼자라면 좀 더 극적인 도전을 해서 여러분이 찌질함의 상징이 되어보세요. 그러니까 명품 가방이나 형광펜이 되었다고 상상하면서 그 인물로서 이야기를 하는 거지요. 즉흥이 어려우시면 대사를 글로 적어도 무방합니다. 그렇게 잠깐이지만 찌질함 자체가 되어 살아보면 찌질함에 대해 생각하는 것과 또 다른 느낌이 일어날 거예요.

거기까지 한 다음에는 역할을 바꿉니다. 이제 찌질함이 아니라 자기로 돌아와서 '자신의 찌질함'에게 들려주고 싶은 이야기를 해보세요. 위로나 수용일 수도 있고 충고일 수도 있겠지요. 어떤 것이든 나의 찌질함에게 필요한 것을 주시면 됩니다.

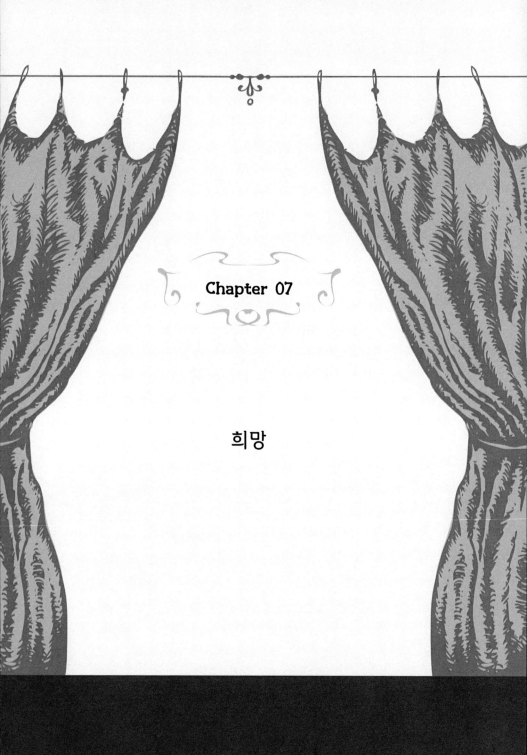

Chapter 07

희망

고도를 기다리며

1953년에 초연된 사무엘 베케트(Samuel Beckett)의 《고도를 기다리며》는 현대 연극의 새로운 흐름을 열어낸 부조리극의 고전이라 할 수 있습니다. 부조리극이라는 이름에서도 알 수 있듯이 그 범주에 포함되는 희곡들은 의미나 목적을 상실한 채 삶으로 내던져진 인간 존재를 파편적인 이야기와 해체된 인물 그리고 분절된 언어로 그려냄으로써 세계와 인간의 조리 없음(不條理)을 집중적으로 조명합니다.

하지만 제게 《고도를 기다리며》는 좀 다릅니다. 제가 희곡 중에서 가장 많이 읽은 것도, 여러 버전의 공연을 가장 많이 본 것도 《고도를 기다리며》인데, 뭣 모르고 처음 본 공연부터 그랬지만 반복해서 읽고 볼수록 이상하게도 부조리극의 대표작이라는 이 작품이 저는 무척 사실적이고 조리 있게 느껴집니다.

그래서 여느 다른 작품을 읽듯이 희곡에 있는 정보를 정리해보려 합니다. 등장인물은 우선 에스트라공(고고)과 블라디미르(디디), 포조와 럭키, 소년까지 다섯입니다. 그리고 끝까지 무대에 등장하지는 않지만 그래서 더 궁금하고 중요한 인물 고도가 있지요.

고고와 디디는 50년 동안 붙어 다니고 있습니다. 틈만 나면 다투고 각자의 길을 가자 하지만 잠시 헤어졌다가도 금세 서로의 곁을 찾기를 반복합니다. 그들의 첫 만남은 강에 뛰어든 고고를 디디가 건져낸 데서 시작되었고, 둘 다 집 없이 떠도는 부랑자로 별 차이 없어 보이지만, 고고가 좀 더 약하고 비관적이라면 ― 그는 교도소에 수감된 적이 있고 스스로 시인이라 말합니다 ― 디디는 그의 보호자를 자처할 만큼 상대적으로 강합니다.

둘이 50년 동안 뭘 했는지는 정확히 알 수 없으나 아마 희곡에 나온 이틀이 그 전부를 집약할 것입니다. 그들은 고도를 기다립니다. 왜? 그자를 만나면 그의 집에서 배불리 먹고 습기 없는 따뜻한 짚을 깔고 잘 수 있을지도 모르기 때문입니다. 개천 같은 데서 한뎃잠을 자다 얻어맞고 말라비틀어진 순무나 다른 사람이 먹다 버린 뼈다귀를 핥아야 하는 신세에서 벗어나기를 꿈꾸는 것입니다.

둘은 고도와의 관계에서 자신들의 역할을 정확히 압니다. 탄원자. 그러니까 그들은 고도에게 부탁이자 일종의 기도를 드렸고 그가 그것을 들어주기를 기다리는 것입니다. 그런데 야속하게도 고도는 번번이 나타나지 않습니다. 약속 시간도 약속 장소도 흐릿한 걸 보면 약속 자체가 없었나 싶기도 하지만, 소년을 보내 내일 밤엔 꼭 오겠노라 전하는 대목에서는 '저러니 기다릴 수밖에 없었겠군'하고 납득이 됩니다. 그렇게 둘은 약속에, 고도에게 "꽁꽁 묶여 있습니다."

고도를 기다리는 것 외에 할 일이 없는 둘은 심각하게 놉니다. 모자를 썼다 벗었다 신발을 벗었다 신었다 예수에 관한 얘기를 하다가 졸다가 야한 농담을 하다가 다투다가 나무에 목맬 궁리를 하다가 순무와 당근을 먹다가 포조와 럭키를 만나 한바탕 소동을 겪고 소년의 전언을 듣고 다시 둘이 됩니다. 여기까지가 1막입니다.

1막의 절반은 포조와 럭키의 에피소드가 차지합니다. 둘의 관계는 좀 더 기괴합니다. 포조는 짐꾼 럭키의 목에 줄을 매어두고 채찍으로 그를 조종하고, 럭키는 무거운 짐을 한시도 내려놓지 않은 채 서서 졸며 포조의 시중을 듭니다. 포조에 의하면 둘은 60년 전에 만났고 처음엔 럭키가 크누크 – 궁정의 어릿광대와 비슷한 – 로 고용되어 포조에게 위로와 지혜를 주었으나, 어찌 된 사연인지 지금은 포조가 럭키를 죽이고 싶을 만큼 증오해 마지않습니다. 고고와 디디가 지루해하자 포조는 럭키에게 노끈 춤을 추게 하고 모자를 씌워 큰 소리로 생각하게 합니다. 럭키는 장장 네 쪽 분량의 생각을 쏟아내는데, 그 모두가 한 문장으로 "그 까닭은 모르지만"과 "왜 그런지 이유는 분명치 않지만"을 접속사처럼 쓰면서 끊임없이 부조리하게 이어집니다. 아마도 럭키의 이 분절된 독백이 희곡에서 가장 뚜렷하게 부조리한 대목일 것입니다.

포조는 유산자이자 운명론자입니다. 그는 집도 있고 할아버지에게 물려받은 회중시계도 있고 안경도 있고 외투를 입고 의자에 앉아 파이프 담배를 피우고 닭고기와 빵과 포도주를 먹지요. 그는 자신이 럭키의 처지가 아닌 것은 다 팔자소관이라 믿습니다. 또한 그는 이 작품에 등장하는 인물 중 가장 멀쩡하게 – 혹은 조리 있게 – 보입니다. 그런데 그는 자신의 멀쩡함이 모두 짐꾼 럭키에게 배운 것이라 말합니다. 둘의 전사(前史)가 궁금하지 않을 수 없습니다. 그는 왜 럭키를 앞세워 길 위에 있는지는 말하지 않으나 "신의 자손"인 "동족들과 사귀기"를 좋아하는 포조는 고고와 디디 곁에서 잠시 쉰 후 올 때처럼 럭키에게 채찍을 날리며 떠납니다.

드라마에서는 일반적으로 이야기가 전개됨에 따라 인물들에게 변화가 생깁니다. 사건이 연속되면서 주인공의 욕망이 드러나고 그것이 장애물을 만나 갈등이 심화되고 그로 인해 주인공의 욕망이 어떤 식으로든 변형되어 결말에 이르는 것이지요. 《고도를 기다리며》에도 인물이 있고 그들의 욕망이 있고 사건이 있고 갈등이 있습니다. 관객이 한 번에 쉽게 알아챌 수 있도록 단선적인 인과 관계로 사건과 인물을 배열하지 않았을 뿐, 아예 조리가 없지는 않다는 말입니다.

물론 변화는 없습니다. 2막에서 포조와 럭키의 관계가 달라지긴 하지만, 고고와 디디는 한결 같습니다. 그러나 저는 그것이 작가가 포착한 리얼리티의 정수라고 생각합니다. 표면적으로 뭔가 끊임없이 달라지는 듯 보이나 실은 달라지는 것은 아무 것도 없다는 것, 그저 우리는 날마다 내일 오는 고도를 기다릴 뿐이라고, 그러니까 정작 중요한 것은 고도나 고도를 기다리는 것 자체가 아니라 무엇을 하며 어떻게 고도를 기다릴 것인가 일지도 모른다는 것.

2막은 1막의 1/3쯤 길이로 더 노골적으로 비극적입니다. 활기차게 등장한 디디가 고고를 기다리며 노래하고, 누군가에게 흠씬 두들겨 맞은 고고가 뒤이어 나와 어제처럼 둘이 만납니다. 둘은 모자를 돌려쓰고, 포조와 럭키의 흉내를 내고, 체조를 하고, 서로 욕을 퍼붓다 끌어안고, 신을 신고, 자장가를 불러주며 1막에서보다 훨씬 더 처절하게 놉니다.

고고가 말합니다.

"디디, 우린 늘 이렇게 뭔가를 찾아내는 거야. 그래서 살아있다는 걸 실감하게 되는구나."

디디가 답합니다.

"그래, 그래, 우린 마술사니까."

디디는 뒤에서 포조에겐 이렇게 얘기합니다.

"확실한 건 이런 상황에선 시간이 길다는 거다. 그리고 그 긴 시간 동안 우린 온갖 짓거리를 다해가며 시간을 메울 수밖에 없다는 거다. 뭐랄까 얼핏 보기에는 이치에 닿는 것 같지만 사실은 버릇이 되어버린 거동을 하면서 말이다."

작가는 디디의 입을 빌어 일반적으로 조리 있다 말하는 것이 얼핏 보기에만 이치에 닿는 것이고 실상은 시간을 견디기 위해 끌어낸 버릇이 된 행동일 뿐, 그러므로 거꾸로 부조리해 보이는 이것이 이치와 조리의 본질이라고 말합니다.

장님이 된 포조는 그것을 더욱 과격하게 밀어 붙입니다. 어제 멀쩡히 보고 말하던 두 사람이 하루아침에 장님과 벙어리가 된 것을 보고, 디디가 언제부터 그리 된 것이냐 자꾸 캐묻자 포조는 버럭 화를 내며 말합니다.

"그 놈의 시간 얘기를 자꾸 꺼내서 사람을 괴롭히지 좀 말아요! 말끝마다 언제언제 하고 물어대다니! 당신, 정신 나간 사람 아니야? 그냥 어느 날이라고만 하면 됐지. 어느 날과 같은 어느 날 저놈은 벙어리가 되고 난 장님이 된 거요. 그리고 어느 날엔가는 우리는 귀머거리가 될 테고. 어느 날 우리는 태어났고, 어느 날 우리는 죽을 거요. 어느 같은 날 같은 순간에 말이오. 그만 하면 된 것 아니냐 말이오. 여자들은 무덤 위에 걸터앉아 아이를 낳는 거지. 해가 잠깐 비추다간 곧 다시 밤이 오는 거요."

그럼에도 2막에서 디디는 지남력을 잃지 않기 위해 애를 씁니다. 틈만 나면 잊거나 잠드는 고고에게 고도를 기다려야 한다는 것을 상기시키고, 밤이 되기까지 아무 생각도 않기 위해 무엇을 할 수 있을지를 고심하고, 갑자기 장님과 벙어리가 된 포조와 럭키에게 사연을 캐물으며, 자신을 만난 것을 기억하지 못하는 소년에게 재차 잊지 말기를 당부하지요. 그만이 유일하게 기억하는 자입니다.

2막에서도 소년이 등장해 오늘은 못 오고 내일 반드시 오마는 고도의 약속을 전하지만, 고고는 잠에 빠져 그를 맞는 건 디디뿐입니다. 디디가 기억하는 자라면 고고는 잊는 자이며 자꾸만 구두를 벗는 자입니다. 하지만 기억하는 자도 잊는 자도 힘겹긴 마찬가지입니다.

그리고 그렇게 힘겹게 다다른 《고도를 기다리며》의 마지막 장면.

고고 :　　이 지랄은 이제 더는 못하겠다.
디디 :　　다들 하는 소리지.
고고 :　　우리 헤어지는 게 어떨까? 그게 나을지도 모른다.
디디 :　　내일 목이나 매자. 고도가 안 오면 말야.
고고 :　　만일 온다면?
디디 :　　그럼 살게 되는 거지.

고고에게 바지를 추켜 입으라고 채근하는 디디.

디디 :   그럼 갈까?

고고 :   가자.

둘은 그러나 움직이지 않는다.

제게 《고도를 기다리며》는 생(生)에 포박 당한 자들의 희비극입니다.

무의미라 적고 자유라 읽는다

뜬금없지만 지구에 사는 생물종이 얼마나 될까 궁금해져 찾아보니 학계에 보고된 것만 약 150만종이라고 합니다. 그러나 실제로는 그보다 훨씬 많은 생물종이 아직 발견되지 않은 상태로, 학계에서는 현재 파악된 것이 전체 생물종의 10~20%에 지나지 않을 거라 추측한다고 합니다. 그러니까 아직 1,000~2,000만종의 생물이 거대한 지구의 품에서 모습을 드러내지 않은 채 우리와 함께 살고 있는 것입니다.

하지만 그 사실을 안다 해도, 우리에게 체감되는 세계는 여전히 만물의 영장인 사람이 열 손가락 안에 꼽히는 정도의 생물종을 부속처럼 거느린 그런 곳입니다. 의미와 무의미의 관계가 이와 비슷하지 않나 하는 생각에 이야기가 엉뚱한 곳으로 튀었네요.

유발 하라리(Yuval Harari)에 따르면 인간은 이야기의 힘으로 일어선 생물종입니다. 다수를 하나로 묶어내고 개체의 희생을 이끌어낼 만한 그럴싸한 이야기를 만들고 믿게 함으로써 다른 생물종이 흉내 낼 수 없는 진화의 단계에 이른 것입니다. 다시 말해 인간은 의미를 추구한 덕분에 지금의 위치를 차지한 것이라 할 수 있지요. 이야기를 하는 사람 또는 의미를 좇는 사람이라는 뜻에서 호모 나라티오(Homo Narratio)라 해도 될 겁니다.

그러나 언제나 어디에서나 의미를 추구하는 인간의 그 같은 특성은 진화 과정에서 획득한 자질일 뿐 생물 자체의 속성은 아닙니다. 다시 말해 인간을 포함해 지구에 속한 1,000~2,000만종의 생물들은 의미와 무관한 세상을 살아갑니다. 의미보다 무의미가 근본적이고 의미보다 무의미가 거대합니다.

「무의미의 축제」에서 밀란 쿤데라(Milan Kundera)는 이렇게 얘기합니다.

"하찮고 의미 없다는 것은 말입니다, 존재의 본질이에요. 그걸 인정하려면, 그리고 그걸 무의미라는 이름 그대로 부르려면 대체로 용기가 필요하죠. 하지만 단지 그것을 인정하는 것만이 문제가 아니고 사랑해야 해요."

흔히 '삶이 무의미하다'는 자각은 허무나 공허와 줄긋기 되지만, 그 같은 비극적 감정은 무의미에 대한 인식이 철저하지 못하고 의미라는 중력을 떨쳐내지 못한 상태에서의 부분적 일별에 지나지 않음을 말해줍니다. 좀 더 거리를 두고 보면 삶의 무의미는 의미가 탈각된 결핍의 상태가 아니라 어떤 해석도 가해지지 않은 사실로서 생명의 본원적인 조건임을 수긍하게 됩니다.

프리드리히 니체(Friedrich Nietzsche)가 사망 신고한 신은 아마도 만유에 방향을 부여하는 힘일 것입니다. 말하자면 일종의 중력 같은. 지구가 적당한 세기로 당겨주는 덕분에 우리는 땅에 발붙이고 살 수 있고, 또 그 덕에 앞, 뒤, 위, 아래, 오른쪽, 왼쪽, 가운데, 가장자리가 생기지요. 공간의 구분은 금세 보이지 않는 것들로 옮겨가 미래와 과거, 성과 속, 옳음과 그름, 중심과 주변, 선과 악의 분별을 낳고 그것들이 내키는 대로 서로 얽혀 특정한 가치와 의미 체계를 형성합니다.

신과 함께 살던 시절에 인간은 질문하고 회의할 필요가 없었습니다. 신이라는 내비게이터가 일러주는 대로 따르는 것이 인간에게 허락된 유일한 미덕이므로 두려워할 것은 무의미가 아니라 교만이었지요.

그런 맥락에서 신 그러니까 그 모든 질서의 구심이자 지향이 죽었다는 것은 중력의 실종 곧 우리가 지구를 벗어나 무중력의 우주 공간을 떠도는 상황에 빗댈 수 있습니다. 모두를 일정한 세기와 방향으로 끌어당기던 힘이 사라졌으므로 각자 위치에 따라 전후좌우를 정할 수는 있겠지만, 만인에게 공통된 방위란 가능하지 않으며 개별적인 위치 또한 어디에 어떤 모습으로 있고자 하는가에 따라 끊임없이 달라질 수밖에 없습니다.

이렇듯 무차별한 공간은 보이지 않는 차원에까지 무자비하게 확장됩니다. 과거와 미래, 성과 속, 선과 악을 뚜렷이 갈라놓았던 경계가 희미해지거나 다른 자리로 넘나들기가 예사로워지고 보편의 의미나 가치 체계가 설 수 없게 됩니다.

니체 이후의 인간은 그래서 바쁩니다. 아무도 가 본 적 없는 길을 스스로 길을 내며 가야 하지요. 단 하나의 의미를 향한 순종의 직진 대신 부단한 질문과 회의로 머뭇거리며 거대한 무의미의 주름들 사이를 여행해야만 하는 것입니다. 신의 죽음이 가져온 무의미는 그러므로 마땅히 가져야 할 의미를 상실하거나 그것이 박탈된 의미의 결핍태가 아니라 오히려 의미라는 편벽한 분별이 생겨나기 이전의, 가능한 모든 의미를 품고 있는 충만한 혼돈이라 할 수 있습니다.

장 폴 사르트르(Jean Paul Sartre)는 그 조건을 '자유'라 명명합니다. 그리고 그 무중력의 자유로부터 자신의 선택을 통해 어떤 의미 혹은 무의미를 구축할 것인지가 삶이 우리에게 맡긴 몫이라고 말합니다.

"자유란 주어진 것에 대한 행함이다."

무의미라는 이 자유에 동의합니다.

《고도를 기다리며》를 읽고 __

《고도를 기다리며》를 읽고 난 첫 느낌을 그리는 것으로 시작해볼까요? 따라야 할 형식이 없으니 여러분이 받은 인상대로 표현하시면 됩니다. 다음은 치유적 희곡 읽기 워크숍에 참여한 윤석영 님이 그린 이미지입니다.

고고와 디디가 그렇게 기다렸건만 여태 만나지 못한 고도. 고도에게 다른 이름이 있다면 여러분은 그를 뭐라고 부르고 싶으세요? 죽음? 자유? 신과의 교제? 희망? 안락하고 풍요로운 삶? 목적? 아름다웠던 지난날? 영원회귀? 가능한 수많은 이름 가운데 여러분의 것을 찾아보세요.

이번에는 여러분이 기다리는 고도는 무엇인지를 들여다보겠습니다. 고고와 디디가 일평생을 기다려온 고도와 같을 수도 있고 그와 다를 수도 있겠지요. 나에 대해 만족하는 것일 수도 있고 깨진 관계를 회복할 수 있는 지혜이거나 지나친 긴장과 불안을 내려놓은 평안이나 사람들 앞에 나서서 마음껏 나를 펼쳐 보이는 것 혹은 기다리고 싶은 뭔가를 만나는 것이거나 그 무엇도 기다리지 않는 것 혹은 무거운 짐을 내려놓고 쉴 수 있게 되는 것일지도 모릅니다. 무엇이든 거기에 정확한 이름을 붙여주세요.

고도를 기다리는 동안 고고와 디디는 모자를 썼다 벗었다 신발을 벗었다 신었다 예수에 관한 얘기를 하다가 졸다가 야한 농담을 하다가 다투다가 나무에 목맬 궁리를 하다가 순무와 당근을 먹다가, 노래하다가, 포조와 럭키의 흉내를 내고, 체조를 하고, 서로 욕을 퍼붓다 끌어안고, 신을 신고, 자장가를 불러주며 "온갖 짓거리를 하며 시간을 메웁니다." 여러분은 어떤가요? 누구와 무엇을 하며 여러분의 고도를 기다리나요? 그리고 그 기다림이 어떻게 느껴지실까요?

날마다 느지막이 소년을 보내 내일 오겠다며 약속 지키기를 미루는 고도를 원망할 일은 아닙니다. 고고와 디디도 언제든 약속을 깰 수 있으니까요. 그런데 그들은 한결 같이 오지 않는 고도를 기다리기로 선택해왔습니다. 스스로를 약속에 묶어둔 것이지요. 그렇게 생각하면 그들의 기다림은 그리 처절하지도 한심스럽지도 않습니다. 고도가 오지 않는 동안 그때그때 할 수 있고 하고 싶은 것을 하고 싶은 만큼 할 뿐입니다. 노는 것이지요. 어쩌면 고도는 고고와 디디가 함께 놀기 위해 만들어낸 허구의 인물일지도 모릅니다. '기왕 그런 거라면 좀 더 재미있고 신나게 놀 수 있을 텐데'하는 아쉬움이 남지만 말이죠. 그럼에도 한사코 모습을 드러내지 않는 고도에게 하고 싶은 얘기가 있다면 한 마디 해주세요. 종이에 적은 후에 읽으셔도 되고, 그냥 떠오르는 대로 고도가 있을 거라 느껴지는 곳을 향해 말하셔도 좋겠습니다. 아래는 제가 "고도에게 고함"이라는 제목으로 쓴 것입니다.

"

네가 오지 않으면 내가 찾아가겠어.
끝내 네게 이르지 못할 수도 있지만 갈 데까지 가겠어.
엉뚱한 길로 접어들 수도 있고
가다가 돌부리에 걸려 넘어지거나
가기 싫어서 한잠 늘어지게 잘 수도 있겠지만
내 선택을 바꾸지 않는 한
그 걸음들 모두가 너를 향한 거란 걸 알아.

그래서 나는 불안하고 슬프고 지겨울 때도
즐겁게 불안하고 신나게 슬프고 웃으며 지겨워.
이제 이런 나를 네가 기다릴 차례야!

길

윤동주

잃어 버렸습니다
무얼 어디다 잃었는지 몰라
두 손이 주머니를 더듬어
길에 나아갑니다
돌과 돌과 돌이 끝없이 연달아
길은 돌담을 끼고 갑니다
담은 쇠문을 굳게 닫아
길 위에 긴 그림자를 드리우고
길은 아침에서 저녁으로
저녁에서 아침으로 통했습니다
돌담을 더듬어 눈물짓다
쳐다보면 하늘은 부끄럽게 푸릅니다
풀 한포기 없는 이 길을 걷는 것은
담 저쪽에 내가 남아 있는 까닭이고
내가 사는 것은, 다만,
잃은 것을 찾는 까닭입니다

시인은 길에서 길을 잃었나 봅니다. 어디서 무얼 잃었는지도 모른
다니 제대로 잃은 게 틀림없습니다. 선명한 잃어버림만을 푯대삼아 시
인은 길로 나서고 그 길은 담과 동행합니다. 돌과 돌이 끝없이 연달아

있는, 시인은 그것을 돌담이라 하지만 제겐 단단한 벽으로 만져집니다.

그 벽은 더구나 쇠문을 품고 있습니다. 누구도 담 안쪽으로 들일 생각 없이 완고하게 닫힌 문 앞에서 시인은 아침부터 저녁까지 다시 저녁부터 아침까지 그저 길을 걷습니다.

걸음에 지쳐 올려다 본 하늘은 무연한 푸르름으로 시인의 설움을 부끄럽게 합니다. 사는 일이 본래 길 위에 서는 것이라고 심상히 말합니다. 풀 한 포기 없어도 더듬을 돌담과 바라볼 하늘과 잃어버린 것이 있으니 그리 헐벗지만은 않은 여정이라고 눈물 닦아줍니다. 그렇게 걸음을 멈추지 않는 시인은 길 잃은 사람(lost one)에서 찾는 사람(searcher)이 됩니다.

고도를 기다리는 고고와 디디가 아름다울 수 있다면 그들의 가엾고 우스꽝스런 기다림이 필사적인 탐구이자 모색이기 때문일 것입니다. 길을 잃었기에 비로소 찾는 사람에 당도할 수 있습니다. 길이 잃음과 찾음을 이어줍니다. 그래서 우리가 할 일은 다만 그 길을 걷는 것일 것입니다.

눈물 없이 씩씩하게 눈물이 나도 씩씩하게.

밑바닥에서

막심 고리끼(Maxim Gorky)의 1902년 작 《밑바닥에서》는 땅 밑의 토굴 같은 여인숙에서 벌어지는 이야기입니다. 거기서 찬바람에 뒹굴다 잠시 한데 모인 낙엽처럼 스산한 목숨을 이어가는 밑바닥 사람들의 이야기.

1막에서는 "산 사람들도 가엾게 여기지 않고 자신조차 가엾게 여기지 못하는" 그들의 면면이 소개됩니다. 만두를 팔거나 자물쇠를 고치거나 노름을 하거나 훔치거나 사기를 치거나 몸을 팔아 하루를 사는 그들의 처소는 더러우며, 몸 속 어둠을 울컥울컥 토해내듯 컹컹 울리는 환자의 기침소리와 눈만 마주치면 서로 물고 뜯지 못해 안달하는 다툼으로 소란합니다.

밑바닥을 벗어나고픈 그들은 희망 대신 취기를 택합니다. 머리를 술에 절여 고통스러운 분별을 추방하고, 현재가 춥고 누추할수록 더욱 휘황해지는 왕년을 갉아먹고, 지치지도 않고 쳐들어오는 시간을 멍청한 다툼으로 건너뜁니다. 그러나 누추한 몸뚱이를 가리기에 왕년의 달콤한 이불은 턱없이 모자라며, 술은 금세 깨고 비난과 경멸도 쉬이 지치지요.

이른 봄, 아직 볕의 온기가 찬바람을 이기지 못해 창백한 양달로 고이는 시절, 밑바닥에도 잠시 빛이 듭니다. 삶의 이력을 알 수 없는 노인 루카가 이곳에 숨어들면서 죽어가던 여인은 서러운 마지막 고해를 하고, 술에 절어 왕년에 살던 배우는 새 삶을 꿈꾸며 단주를 시도 하며, 도둑질 밖에 해 본 일 없는 청년이 진짜 사랑을 위해 자신을 믿는 용기를 냅니다.

하지만 봄은 쉬이 오지 않아서 애써 띄워 올린 희망은 견고한 관성의 벽을 넘어서지 못합니다. 2막에서는 노름하는 사람들의 등 뒤에서 홀로 병든 여인이 죽고, 3막에서는 밑바닥 인생을 착취하며 살아가던 여인숙 주인이 아내의 정부에게 살해당하며, 또 4막에서는 자신을 구원해 줄 자선병원을 찾아 여관을 떠났던 배우가 스스로 목을 매고 말지요.

100여 년 전의 비극이 지금 여기에서도 여전히 생생하다는 것이 또 다른 비극입니다.

밑바닥에서 고도를 기다리다?!

1902년 모스크바 예술극장에서 초연된 《밑바닥에서》는 사회주의 리얼리즘 판 《고도를 기다리며》라 할 수 있습니다. 이렇게 말하면 사무엘 베케트의 《고도를 기다리며》가 1953년에 초연되었으니 억지스런 데가 없지 않지만, 시기와 별개로 내용과 지명도의 측면에서는 그럴싸한 표현이라 봅니다.

《밑바닥에서》는 허름한 여인숙을 배경으로 당시 러시아에서 거친 삶을 살아가는 하층민의 모습을 사실적으로 그려냅니다. 주인공을 따로 두지 않고 사기도박꾼, 매춘부, 신기료장수, 열쇠수리공, 좀도둑, 알코올 중독인 배우, 폐병 환자 등의 여러 인물이 비슷한 비중으로 이야기를 끌고 가면서 희망과 절망이 절박하게 엇갈리는 삶의 복판을 조명한다는 게 특징이고요.

《고도를 기다리며》에서 별일이 일어나지 않듯《밑바닥에서》역시 뚜렷한 드라마가 없습니다. 한겨울에서 봄을 앞둔 때까지 두어 달 동안의 일상의 단편을 이어 붙이는데, 거기서 뭔가 일어난다면 불륜 관계였던 좀도둑 페페르와 여인숙 주인 여자의 사이가 틀어지고, 페페르는 남편을 죽여 달라는 여자의 부탁을 거절하고 그녀의 동생과 다른 곳으로 떠나려하지만, 다툼 끝에 주인 남자가 어이없이 죽는 바람에 페페르가 살인죄를 뒤집어쓴다는 정도입니다.

하지만 이보다 드라마 전반에 영향을 미치는 사건은 루카라는 떠돌이 영감의 등장과 퇴장입니다. 루카는 각자의 절망에 짓눌려 술이나 도박, 로맨스나 왕년의 판타지로 도망가고, 그게 아니면 서로 조롱하고 비난하는 것밖에 모르는 이들의 일상에 낯선 공기를 불어 넣습니다. 한 사람 한 사람에게 관심을 기울이면서 자기 자신과 다른 사람에게 연민을 가져라, 필요하다면 진실보다 희망을 믿고 선택해라, 이곳을 떠나 다른 삶을 살라고 부추깁니다.

그 덕에 폐병을 앓던 안나가 덜 서럽게 죽음을 맞고, 배우는 알코올 의존증을 고치겠다 맘 먹고, 좀도둑 페페르는 시베리아로 떠나기를 결심하며, 매춘부는 제 이야기를 들어주는 친구를 얻지요.

그러나 그가 띄운 희망의 풍등은 현실의 찬바람을 이기지 못하고 얼마 못 가 땅에 처박히고 맙니다. 2막에서는 안나가 마지막 숨을 거두고 3막에서는 여인숙 주인이 죽고 페페르가 갇히며 4막에서는 배우가 스스로 목숨을 끊습니다. 낯선 희망을 얘기하던 루카 역시 페페르가 싸움에 휘말리면서 사라져 버리고요.

그래서 다시 상황은 별일 없었던 듯 처음으로 돌아갈 것입니다. 또 다른 밑바닥 인생이 여인숙의 더러운 침상을 채우고, 오늘이 어제인 듯 취하고 떠벌리고 다투며, 무언가를 누군가를 기다리며 살아가겠지요. 고고와 디디가 갖은 진지하고 해괴한 짓거리로 오지 않는 고도를 기다리듯이 말입니다.

"말하자면 상상을 하는 거예요, 내일이라도 누군가 찾아올지도 모른다, 누군가 아주 특별한 사람이, 아니면 무슨 일이 있을 것만 같다, 좀처럼 일어나지 않는 일이, 오랫동안 기다려왔고, 지금도 기다리고 있어요, 하지만 정작 뭘 기다릴 수가 있을까요?"

하지만 막심 고리키의 《밑바닥에서》는 사무엘 베케트의 《고도를 기다리며》보다 거칠고 투박하고 뜨거우며 그래서 좀 더 생생하게 아픕니다.

부브노프, 검은 악마?

《밑바닥에서》에는 이름이 있는 인물만 15명이 등장합니다. 다소간 비중 차이는 있지만 인물 각각의 행동과 서사가 조각보처럼 엮여 '밑바닥'이라는 풍경을 완성합니다. 하지만 이 드라마를 절망과 희망이 절박하게 엇갈리는 이야기로 볼 때, 희미한 희망을 전하는 이가 루카 영감이라면 절망의 한 끝을 잡고 있는 인물은 모자 장수 부브노프이며, 작가는 이 둘을 통해 '어떻게 절망적인 현실 속에서 연약하지 않은 희망을 건설할 것인가'를 관객에게 묻습니다. 두 사람이 나타내는 절망과 희망은 또 현실과 환상, 진실과 거짓, 사실과 믿음 등으로 달리 말할 수 있을 텐데, 어쨌거나 부브노프는 하얀 천사와 검은 악마의 대결에서 검은 악마 역할을 맡은 인물이라 할 수 있습니다.

희곡에 정확히 나오지 않지만 부브노프는 이 여인숙에 가장 오래 투숙한 축일 겁니다. 여인숙과 관련된 정황과 사람들을 잘 알고 있을 뿐 아니라 주인 역시 그를 믿거라 하는 것을 보면 그렇지요. 그는 냉정하고 객관적입니다. 대체로 말을 짧게 하고, 그 말의 내용은 사실에 집중됩니다. 무엇인지, 어떤지, 왜인지를 확인하고 감정은 배제한 채 감각과 통계적 정보를 소통합니다.

희곡을 읽으며 처음으로 헉 소리가 났던 장면은 1막에서 폐병으로 임종 직전에 있는 안나가 "하루가 시작되었네! 제발 크게 떠들지들 말아줘요. 무슨 욕을 아침부터 그렇게들 해요? (중략) 죽을 땐 죽더라도 편안하게 죽을 수 있게 좀 해줘요!"라고 하자 부브노프가 그녀에게 "떠든다고 죽는 데 지장이 있는 것도 아닌데…"하는 데였습니다. 그리고 그는 2막에서 친구와 장기를 두다가 안나가 아무도 모르게 숨을 거둔 게 드러나자 자리에 앉은 채로 "그렇다면 기침 소리는 안 듣게 되었군. 기침 소리 귀에 거슬렸는데… 두 개 먹는다."라고 반응합니다.

그는 자기 자신과 다른 사람들에 대해 포장하지 않으며, 다른 이에게 연민을 품지 않는 것처럼 자신에게도 냉철합니다. 잘 나가는 귀족이었던 시절을 떠벌이는 남작에게는 "왕년은 왕년이고 남은 것은 죄다 시답잖은 것뿐이지. 여기 나리님이 어디 있어. 다 한물간 벌거숭이들인걸"이라 하고, 매춘부 나스탸가 "지겨워요. 난 여기서 있으나 마나 한 존재잖아요"라며 다른 곳으로 떠나겠다고 하자 "어디를 가든 넌 달라질 거 없어. 그리고 세상사람 모두가 있으나 마나 한 거야"라고 답하지요. 또 좀도둑 페펠이 루카에게 정말 신이 있느냐 묻자 침묵하는 루카 대신 그가 말합니다. "사람들이 사는 건 나뭇잎이 강물에 떠내려가는 것과 같아. 나뭇잎으로 집을 지어봐, 다 떠내려가고 말지." "온갖 무서운 방법을 다 써서 서로를 위협하고 있어. 삶이 다 엉망이야. 부정으로 꽉 차있어"라며 바실리사의 횡포에 치를 떠는 루카에겐 "질서를 원하지 않는 사람이 어디 있나? 하지만 그럴 만한 머리가 있어야 말이지"라고 대꾸하지요.

인간은 너나 할 것 없이 죽음을 향해 떠내려가는 나뭇잎이며, 가진 거라곤 어리석음뿐이어서 그 사이에서 뭔가 질서와 의미를 만들어낼 수도 없다는 게 부브노프로 표상되는 절망적 사실의 윤곽입니다. 모자 장수인 그는 그래서 자꾸 말합니다. "실이 다 썩었어"라고.

하지만 이런 부브노프도 한껏 술에 취하는 날엔 냉기를 던져버리고 여인숙의 벌거숭이들이 공유하는 좌절을 목청 높여 노래합니다.

"저 친구한테 술 좀 따라줘, 사틴! 조프, 앉아! 이보시게, 인간들에게 많은 게 필요한 게 아니잖아? 한잔 걸치니까, 벌써 기분이 좋다! 조프, 불러봐! 십팔번! 실컷 부르고 실컷 울자!"

그렇게 자신의 명명일을 맞아 가두어놓았던 슬픔을 취기를 빌려 떠들썩하게 흘려보내는 부브노프에게 배우가 공터에서 목을 맸다는 소식이 전해지면서 드라마는 생선 대가리를 칼로 내리치듯 끝이 납니다. 마치 검은 악마가 함부로 하얀 천사 흉내를 내선 안 된다고 경고하는 것처럼 말이지요.

__ 루카, 하얀 천사?

《밑바닥에서》의 드라마에서 하얀 천사 역할을 맡은 루카는 1막 1/2 지점에서 처음 나와 3막 3/4 지점에서 퇴장합니다. 그러니까 그는 작가가 여인숙의 분위기와 거기 묵는 사람들을 얼추 스케치한 후, 그곳에 새로운 전기를 가져오는 인물로서 등장하여 인물들 사이의 갈등이 최고조에 이른 대목에서 사라지는 것입니다.

작가가 "60세의 순례자"라고 설명하는 그는 검은 악마를 맡은 부브노프보다 15살이 많고 15명의 극중 인물 중 가장 나이가 많습니다. 이곳에 오기 전 그가 어떤 삶을 살았는지는 구체적으로 드러나지 않지만, 단편적인 정보를 모아보면 시골 별장지기로 일한 적이 있고, 머리카락보다 많은 여자들을 만났으며, 한 곳에 오래 머물지 않고 호기심이 동하는 대로 여기저기 떠돌아다니며 사는데, 신분증이 없는 것으로 보아 뭔가 구린 구석이 있어 도망 다니는 것일 수 있다는 정도를 짐작할 수 있습니다.

"안녕들 하쇼, 정직한 시민 여러분!"

루카가 여인숙에 들어와 처음 하는 대사입니다. 부브노프가 그 인사를 "정직했던 적도 물론 있죠. 그러니까 지지난 봄이었나…"라고 받자 루카는 또 말합니다. "내게는 모두 매한가지라오! 협잡꾼이라도 난 사랑한답니다. 이 세상에 벼룩 한 마리도 나쁠 건 없어요." 만물이 존재의 의미가 있다는 루카의 관점은 부브노프가 "세상사람 모두가 있으나 마나"하다 여기는 것과 정확한 대조를 이룹니다.

그가 1막에 뒤늦게 등장해서는 선뜻 빗자루를 들고 여인숙 사람들이 내내 서로 미루던 청소를 합니다. 드라마에서 그가 맡은 하얀 천사의 역할을 작가는 더럽고 어지러운 것을 쓸어내고 정리하는 청소로 표현하는 것입니다. 2막과 3막에 걸친 그의 청소를 살펴보면 이렇습니다. 우선 그는 죽어가는 안나의 곁을 지킵니다. 서럽고 아프게 살아온 이야기를 들어주고 죽음의 공포와 고통에도 불구하고 살고 싶은 민낯의 욕망을 어루만져 위로합니다. 그는 또 매춘부 나스탸의 거짓말을 경청합니다. 자신의 사랑 얘기가 아니라 싸구려 연애소설의 줄거리라는 걸 모르지 않지만, 거기 담긴 그녀의 절절한 외로움을 알아봐줍니다. 그는 더 적극적으로 문제해결에 개입하기도 합니다. 무료로 알코올 의존증을 치료해주는 병원이 있으니 술에 삶을 떠내려 보내지 말고 그 곳을 찾아 두 번째 인생을 시작하라고 배우를 부추깁니다. 또 여인숙 주인의 아내 바실리사와 그녀의 정부 페페르의 대화를 엿듣고는, 남편 살해를 청부하는 위험한 그녀를 버리고 맘에 둔 아가씨와 시베리아로 떠나라고 강권합니다.

그러나 그의 청소로 여인숙 "벌거숭이들"의 삶을 바꾸기에는 역부족이지요. 안나와 나스탸에게 그의 경청과 공감은 충분히 도움이 되지만, 위안은 위안일 뿐 그것이 그가 말하는 "더 나은 삶"을 위한 변화로 이어지지는 않습니다. 또 여인숙을 떠나 병을 고치고 꿈꾸던 인생을 펼쳐보라고 배우와 좀도둑 페페르의 등을 떠밀지만, 그의 개입은 부정확하고 무책임합니다. 알코올 의존증 환자를 위한 무료병원이 정말 있는지, 있다면 어디에 있는지 그는 알지 못하며, 페페르가 살인청부를 거절했다는 사실을 알면서도 막상 그에게 억울한 혐의가 씌워지는 장면에서 "내가 가서 증인이 된들 별게 있나"라며 자리를 피하고는 그 길로

극에서 퇴장하고 말지요.

그 결과 안나는 죽고 나스탸는 여전히 연애소설 애기를 제 애기로 떠들고 페페르는 감옥에 갇히고 배우는 공터에서 목을 맵니다. 여인숙의 침대 세 개가 비워졌지만 그가 청소하려 한 게 그건 아니었을 것입니다.

저는 3막에서 사라진 하얀 천사 루카가 여인숙 어딘가에 이런 편지를 남기지 않았을까 상상해봅니다.

안녕들 하쇼, 정직한 시민 여러분! 인사도 없이 떠나와서 미안하네. 여러분이 이 글을 읽을 즈음 난 우크라이나에 있거나 거기서 또 어딘가로 떠날 궁리를 하고 있을 거네. 함께 있지 못해도 거기서 지낼 때 우리가 나누었던 걸 기억해준다면 난 언제나 여러분과 함께일 걸세. 다시 말하지만 삶이 아무리 고통스러워도 모든 건 거기 있는 이유와 목적이 있다네. 우린 어떻게든 더 나은 삶을 위해 애쓰고 있는 거지. 그러니까 그런 자신을 포함해 서로에게 연민을 품고 친절하게 대할 필요가 있어. 그게 우리의 희망이고 그 희망은 꼭 이루어진다네. 왜냐하면 믿으니까. 우리는 우리에게 필요한 걸 온 힘을 다해 믿어야 해. 그게 사실인지 거짓인지는 중요하지 않아. 간절히 믿고 원하고 그렇게 행하는 것만이, 희망만이 우리에게 남은 유일한 동아줄이지. 나는 의심해도 좋지만 내 말만은 믿어줘, 친구들! 모쪼록 행운을 비네.

실의 상징

돌잔치에서 빠지지 않는 게 돌잡이지요. 쌀, 붓, 활, 돈, 실 등 여러

물건들 중에서 무엇을 집느냐에 따라 아기의 장래를 점쳐본다는 귀여운 의식입니다. 붓을 잡으면 학문이 높다거나 실을 잡으면 장수한다는 식으로요. 실은 그렇게 수명이나 운명 또는 인연의 상징으로 우리 생활 속에 깊숙이 자리 잡고 있습니다.

중국이나 일본 등지에는 '운명의 붉은 실'이라 해서 운명으로 맺어진 남녀는 태어나면서부터 새끼손가락에 묶인 보이지 않는 붉은 실로 이어져 있다는 얘기가 전해지기도 하고, 그리스 신화의 운명의 세 여신 모이라는 실을 뽑고 길이를 가늠하고 가위로 잘라 각 인간의 시간을 정해준다고 합니다.

실의 이런 상징성은 ― 다른 상징 역시 마찬가지지만 ― 인류의 생존의 역사와 긴밀하게 관련된다 할 수 있을 것입니다. 먼저 역사학자들은 현생 인류의 선조인 크로마뇽인이 살아남을 수 있었던 몇 가지 이유 중 하나로 이 실/줄/끈의 사용을 꼽습니다. 뗀 돌이나 갈아 다듬은 돌에 그치지 않고 끈으로 그것을 막대와 연결한 복합 석기를 썼던 것, 끈을 엮어 그물을 만들었던 것, 그리고 바늘과 실로 여러 겹을 덧댄 옷을 만들어 입음으로써 혹독한 빙하기를 견뎌낸 것이 네안데르탈인과 다른 길을 걷게 해 준 결정적인 발명품이라고요. 그러니까 우리들, 호모 사피엔스의 집단적 기억 속에 실/끈/줄은 연결과 확장으로써 생존을 가능케 한 사물로 각인되어 있을 수밖에 없을 겁니다.

또 우리는 실/끈/줄의 연결성과 지속성을 개체발생을 통해 끊임없이 반복 확인합니다. 우리는 누구나 엄마라는 생명의 원천에 아홉 달 동안 탯줄을 대고 있다가 세상으로 나와서야 그 줄을 떼지요. 하지만 그 연결의 흔적은 배꼽으로 남아 죽을 때까지 우리의 고향이 어디인지를 말해줍니다.

이런 맥락에서 실이 수명이나 운명 또는 인연을 상징하는 것은 필연적이다 할 수 있겠습니다. 그래서 막심 고리키는 《밑바닥에서》에서 부브노프가 "실이 썩었어"라고 중얼거리게 하고, 루카 영감이 그 동굴 같은 여인숙에 잠시 '실낱같은' 희망으로 깃들게 했을 겁니다.

희망, 믿고 기다리는 힘

희망(希望)은 어떤 일을 이루거나 하기를 바라는 것 또는 앞으로 잘될 수 있는 가능성을 뜻합니다. 희망은 심리치료에서도 매우 중요한 요인입니다. 질환과 장애의 종류와 상관없이 심리적 이상이 깊을수록 참여자는 희망과 멀어져 무망감(hopelessness)을 나타냅니다. 무망감이란 희망이 없는, 즉 미래에 대한 부정적이고 비관적인 생각으로 가득한 상태로, 《밑바닥에서》의 여러 인물들에게 공통적으로 관찰되는 특성이기도 합니다. 인지치료의 창시자인 아론 벡(Aron Beck)은 우울증의 주요 척도로 무력감, 무가치감과 함께 무망감을 꼽으며, 미래에 대한 의욕이 있는가, 앞으로 일이 잘 풀릴 것이라 믿는가, 원하는 것을 스스로 달성할 수 있는가 등을 물어 환자의 무망감의 정도를 측정합니다. 그리고 심한 무망감은 《밑바닥에서》의 배우에게도 보이듯 자살로 이어질 수 있습니다. 오늘보다 내일이 나을 거라는 기대가 없기 때문이지요.

희망은 사실 감정이라기보다 인지적 판단에 가까운 사고 작용이며 사실에 대한 단순한 분별을 넘어선 믿음이자 그것을 견지하는 힘이라 할 수 있습니다. 오늘보다 내일이 나을 거라는 기대는 충족될 수도 있고 그렇지 않을 수도 있습니다. 오늘보다 나은 내일에 대한 기대를 갖지 못하는 무망의 상태는 간절한 바람이 무참히 꺾인 반복된 좌절의 결과

일 테고요. 그래서 희망은 그럼에도 불구하고 믿는 것입니다. 믿고 버티는 것입니다. 버티며 다시 씨를 뿌려 기대하는 것입니다. 눈에 보이지 않고 손에 잡히지 않는 변화를 앞당겨 믿고 만들겠다는 약속입니다.

1985년 당시 반체제 운동으로 투옥되었던 체코슬로바키아의 극작가 바츨라프 하벨(Václav Havel)은 희망에 대해 이렇게 얘기했습니다.

"내가 자주 ― 특히 감옥 처럼 유난히 희망 없는 상황에서 ― 생각하는 그런 종류의 희망은 세계의 상태가 아니고 무엇보다 마음의 상태라고 이해한다. 우리 내부에 희망을 지니고 있거나 지나고 있지 않거나 둘 중 하나인 것이다. 그건 영혼의 차원에 속하는 것이지 본질적으로 세상에 관한 특정한 관측이나 상황 평가에 기대지 않는다. 희망은 예언이 아니다. 그건 영혼의 지향이자 마음의 지향이어서 직접 경험되는 세계를 초월하며, 그 세계의 지평 너머 어느 곳에 닻을 내리고 있다. 이런 깊고 강력한 의미의 희망은 상황이 잘 돌아가고 있다는 기쁨이나 머지않아 성공할 것이 분명한 사업에 기꺼이 투자하려는 마음과는 다르다. 그 같은 희망은 어떤 일이 성공할 가능성이 있기 때문만이 아니라 그 일이 선한 것이기 때문에 그것을 위해 일할 수 있는 능력이다."

그러니까 우리가 오늘보다 내일이 나을 거라 기대하는 까닭은 그것이 현실적이어서라기보다 희망을 붙드는 편이 나와 우리 모두에게 선하기 때문이며, 그런 맥락에서 희망은 삶을 위한 믿음이자 용기를 필요로 하는 선택입니다.

짚으로 만든 개

지금까지는 《밑바닥에서》를 루카와 부브노프로 대변되는 희망과 절망의 구도로 읽었습니다. 하지만 그들을 토굴 같은 여인숙에서 살아가는 사람들에 대한 서로 다른 거리의 관점으로 다르게 볼 수도 있습니다. 루카가 사람들에게 가까이 다가가 그들의 입장에서 펼쳐지는 드라마를 함께 느끼고 겪는 밀착(underdistaced)을 나타낸다면, 부브노프는 그들과 같은 공간에서 살지만 심리적으로는 극단적으로 먼 거리에 있어서 자기 자신을 포함해 등장인물 모두를 강물에 떠내려가는 나뭇잎 정도로 여기며 냉정하게 바라보는 분리(overdistanced)를 구현하는 것이지요. 이렇게 말하면 밀착이 좋은 것이고 분리가 나쁜 것처럼 느껴질 수 있지만 밀착과 분리는 윤리적인 가치와는 무관한 서로 다른 두 개의 경험 방식이라 할 수 있습니다.

잠깐 다른 얘기를 해볼까요. 노자가 쓴 「도덕경」에 이런 구절이 있습니다.

天地不仁 以萬物爲芻狗 聖人不仁 以百姓爲芻狗

우리말로 새기면 '하늘과 땅은 어질지 않아 모든 것을 풀 강아지처럼 다룬다. 그리고 성인은 어질지 않아 백성을 풀 강아지처럼 다룬다'는 뜻입니다. 얼른 이해가 잘 가지 않는 문장이지요. 여기서 풀 강아지(芻狗)란 짚을 개의 모양으로 엮은 것으로, 옛날 중국에서 제사 지낼 때 상에 올린 제수의 일종이라고 합니다. 그 기원을 거슬러 올라가면 아마도 진짜 개를 잡아서 신에게 바쳤던 것이 세월이 흐르면서 짚으로 만든 개의 형상으로 대체되었겠지요. 그러니까 여기서 풀 강아지란 제사가 끝나면 쉬이 버려지는 일종의 가상으로서 매우 하찮은 것을 이른다고 할수 있습니다.

그 다음에는 '어질다(仁)'를 생각해봅니다. 한자 仁은 사람 人과 둘二가 합쳐진 글자입니다. 다시 말해 사람과 사람, 사람들 사이의 관계를 뜻한다고 볼 수 있겠지요. 그 인간적 관계는 사람과 사람 사이에서발생합니다. 즉 '사이'라 말할 만큼 가까운 거리를 전제하는 것입니다.

그런데 노자는 하늘과 땅 곧 자연과 성인이 '어질지 않다(不仁)'고말합니다. 저는 이를 '인간에 대해 가까운 거리를 취하지 않는다'는 뜻으로 새깁니다. 아주 먼 거리에서 바라보는 것이지요. 그렇게 먼 데서조망하면 사람들 사이의 인(仁)의 자리에서 경험되는, 욕망에 들끓고 희로애락으로 출렁이는 인간과 인간의 버거운 삶이, 풀 강아지처럼 한낱하찮은 가상이 되겠지요.

그 어질지 않음은 앞서 '분리'라고 한, 특정 대상에 다가감으로써그에게 감정이입하게 되는 밀착과 달리, 대상 일반에게 먼 거리를 취하기에 편파적이기보다 보편적이며 감정적이기보다 성찰적이 되는 상태와 매우 유사합니다.

그런 맥락에서 저는 노자의 저 말을 자연은 보편적이어서 만물에공평무사하고, 성인 역시 인간적인 것을 넘어섰기에 인간과 인간의 삶을 풀 강아지 같은 일종의 가상으로서 무심히 대한다, 라고 다시 읽습니다.

연극치료에서는 대상에 대한 거리를 크게 분리와 밀착으로 대별하고 특정 상황에서 특정 대상과 관련하여 적절한 지점에 있음으로써 감정을 느끼면서 동시에 성찰하는 것을, 가장 바람직한 상태로서 미적 거리(aesthetic distance)라 명명합니다. 그것은 냉정과 열정 사이 어딘가 미지근한 위치가 아니라 냉정과 열정이 나란히 공존하는 3차원 이상의 상태입니다. 그리고 노자가 말하는 만물과 인간을 풀 강아지로 대하는 비인격적 보편의 상태가 그 냉정(분리)의 모습을 잘 보여줍니다. 바꿔 말하면 부브노프라는 인물 혹은 분리적 태도는 자칫 비인간적이고 부정적으로 폄하될 수 있지만, 건강과 성숙의 맥락에서는 오히려 밀착과 반드시 병존해야 하는 경험 방식입니다. 희망이 빠진 비판적 통찰은 냉소가 되고 비판적 통찰이 결여된 희망은 치기가 될 수밖에 없다는 점에서도, 우리는 사람들을 풀 강아지처럼 다루는 부브노프(분리)이면서 동시에 한 사람 한 사람을 하나의 우주로서 소중히 대하는 루카일 필요가 있습니다.

《밑바닥에서》를 읽고 ___

손쉽게 구할 수 있는 재료들 – 도화지, 색종이, 색깔 종이테이프, 크레파스, 풀, 가위 등 – 로 두 인물의 이미지를 만들어 보겠습니다. 반드시 다양한 재료가 있어야 하는 건 아니니 간단하게 도화지 1장만 준비하셔도 좋아요. 두 인물은 루카와 부브노프입니다. 현실을 버텨낼 힘이 약한 희망과 희망을 선택할 용기가 부족한 절망이라고 다시 말할 수도 있겠지요. 그에 대한 여러분의 느낌과 생각을 특정한 형태와 색깔의 구조물로 표현하면 됩니다. 두 가지 투사물이 완성되면 각각의 것을 사진으로 찍어두세요. 그리고 혹 제목이 떠오르면 적어두시고요.

막심 고리키는 루카와 부브노프를 통해 '어떻게 절망적인 현실 속에서 연약하지 않은 희망을 건설할 것인가'라는 질문을 던집니다. 그 물음은 다시 희망과 절망의 통합, 분리와 밀착의 병존이라는 과제로 남겨지고요. 어느 한쪽만으로는 현실을 제대로 이해할 수도 변화시킬 수도 없으니까요. 그런 맥락에서 앞서 만든 두 개의 투사물을 하나로 합치겠습니다. 단순히 두 가지를 나란히 붙이는 게 아니라 각 구조물이 기존 형태나 색깔의 변형 − 있던 것을 없앨 수도 있고 또 다른 것을 덧붙일 수도 있는 − 을 거쳐 다른 것과 만남으로써 새로운 것이 되도록 하는 작업입니다. 그렇게 '견고한 희망과 용감한 절망'을 여러분 손으로 빚어 보세요.

《밑바닥에서》에는 가엾고 미운 인물들이 한 가득입니다. 그들 중에서 가장 불쌍하게 느껴지는 인물을 한 명 선택하세요. 악한 인물이랄 수 있는 여인숙 주인의 아내 바실리사나 사람들에게 희망과 구원을 설파한 루카 같은 이도 보기에 따라 얼마든지 불쌍한 인물일 수 있으니 선택지에서 아예 제외하지는 마시고요. 가장 가엾은 인물이 정해지면 그 인물이 되어 독백을 해보세요. 즉흥적으로 대사를 하셔도 좋고 글로 적은 후에 읽으셔도 됩니다. 다음은 치유적 희곡 읽기 워크숍에 참여한 이현희 님이 쓴 것입니다.

❝

어느 술집, 늦은 밤.
곁에 아무도 없거나 누군가 있더라도 이미 그도 취해 있어 배우의 말을 제대로 듣지 못한다.

배우 : 나는 무대를 사랑하지만, 무대가 무서워. 어떤 배우는 무대 아래에선 병신이지만 일단 무대에 올라 연기를 시작하면 천재적이지. 재능이 있으니까. 그런

데 난 재능이 없어. 난 아무것도 아니야. 난 배우도 못 돼. 배우가 아니라면 난 대체 뭐지? 난 연기보다 날 더 사랑해본 적이 없어.

이제 인물에서 빠져나오세요. 이번에는 앞서 만든 '견고한 희망과 용감한 절망'의 역할을 입을 차례입니다. 투사물을 손에 들고 해도 좋고 잘 보이는 곳에 두고 하셔도 좋아요. '견고한 희망과 용감한 절망'으로서 여러분이 선택한 불쌍한 인물에게 필요한 메시지를 주시면 됩니다. 간단히 말해 희망의 전언을 주시는 거죠.

극중에서 루카는 배우에게 우선 알코올 의존증을 치료하라고 권하지요. 그런데 배우를 택해 위의 독백을 쓴 참여자는 그에게 이렇게 소리쳤습니다.

"너만의 무대를 만들어.

뭐라도 연기해.

너를 보여줘.

환호를 듣던, 욕을 먹던, 신발을 맞던 상관치 마!"

희망이 외롭다 1

김승희

남들은 절망이 외롭다고 말하지만
나는 희망이 더 외로운 것 같다,
절망은 중력의 평안이라고 할까,

돼지가 삼겹살이 될 때까지
힘을 다 빼고, 그냥 피 웅덩이 속으로 가라앉으면 되는걸 뭐……
그래도 머리는 언분홍으로 웃고 있잖아. 절망엔
그런 비애의 따스함이 있네

희망은 때로 응급처치를 해주기도 하지만
희망의 응급처치를 싫어하는 인간도 때로 있을 수 있네.
아마 그럴 수 있네,
절망이 더 위안이 된다고 하면서,
바람에 흔들리는 찬란한 햇빛 한 줄기를 따라
약을 구하러 멀리서 왔는데
약이 잘 듣지 않는다는 것을 미리 믿을 정도로
당신은 이제 병이 깊었나,

희망의 토템 폴인 선인장……

사전에서 모든 단어가 다 날아가 버린 그 밤에도
나란히 신발을 벗어놓고 의자 앞에 조용히 서 있는
파란 번개 같은 그 순간에도
또 희망이란 말은 간신히 남아
그 희망이란 말 때문에 다 놓아버리지도 못한다,
희망이란 말이 세계의 폐허가 완성되는 것을 가로막는다,
왜 폐허가 되도록 내버려두지 않느냐고
가슴을 두드리기도 하면서
오히려 그 희망 때문에
무섭도록 더 외로운 순간들이 있다

희망의 토템 폴인 선인장……
피가 철철 흐르도록 아직, 더, 벅차게 사랑하라는 명령인데

도망치고 싶고 그만두고 싶어도
이유 없이 나누어주는 저 찬란한 햇빛, 아까워

물에 피가 번지듯……
희망과 나,
희망은 종신형이다
희망이 외롭다

그래서 희망은 수없이 새로 믿는 것입니다. 그래서 쓰러진 희망을 일으켜 세워야 하는 심리치료는 잔혹하며, 그래서 희망은 연대를 필요로 합니다.

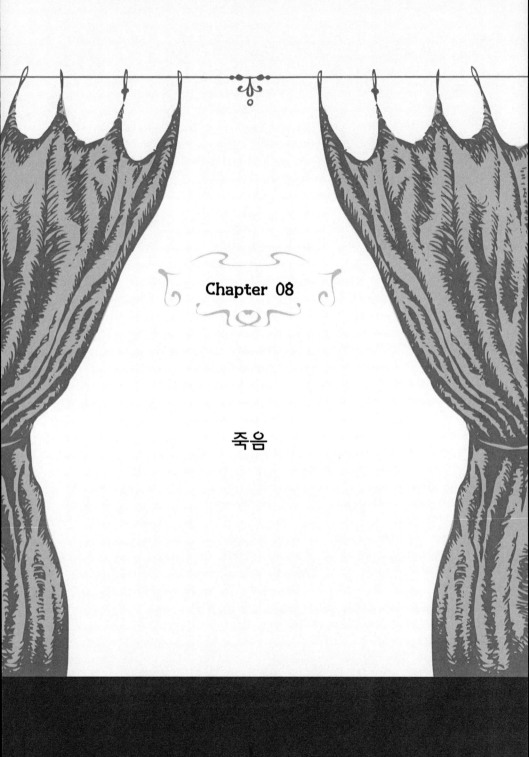

Chapter 08

죽음

우리 읍내

"몰랐어요. 모든 게 그렇게 지나가는데, 그걸 몰랐던 거예요. 데려다 주세요, 산마루 제 무덤으로요. 잠깐만요. 한 번만 더 보고요. 안녕, 이승이여! 안녕, 우리 읍내도 잘 있어! 엄마, 아빠, 안녕히 계세요! 째깍거리는 시계도, 해바라기도 잘 있어. 맛있는 음식도, 커피도, 새로 다림질한 옷도, 따뜻한 목욕탕도, 잠자고 깨는 것도. 너무나 아름다워 그 진가를 몰랐던 이승이여, 안녕! (눈물을 흘리며 무대감독에게 불쑥) 살면서 자기 삶을 제대로 깨닫는 인간이 있을까요? 매 순간마다요?"

— 《우리 읍내》 3막 에밀리의 대사 중에서

손톤 와일더(Thorntorn Wilder)의 《우리 읍내》는 1938년 초연 이후 전 세계에서 공연되며 관객에게 꾸준히 사랑받는 작품입니다. 아마도 그 매력은 《우리 읍내》가 가공할 드라마로 손에 땀을 쥐게 하지는 않지만 일상의 단편들을 담담하게 이어가면서 그 속에 깃든 삶의 진면목과 마주치게 하는 소박하고도 묵직한 이야기에 있을 것입니다.

이야기의 배경은 1900년대 초반 미국 뉴햄프셔 주의 작가가 창조한 가상의 시골 마을입니다. 이웃사촌인 의사 깁스 선생 네와 지방신문 편집장 웹 선생 네를 중심으로, 깁스의 아들 조지와 웹의 딸 에밀리가 어린아이였다가 자라면서 사랑에 빠지고 결혼을 하고 아이를 낳고 또 죽음을 맞는 과정을 따라가면서 마을 사람들이 살아가는 모양을 스케치합니다. 인간의 생로병사와 인생의 희노애락을 우리 읍내라는 소우주에 압축한다고 할 수 있겠지요.

손톤 와일더는 거기서 드라마가 자칫 뻔하고 얄팍해질 수 있는 위험을 스토리텔링의 기술로 돌파합니다. 그 하나는 극장주의(theatricalism)입니다. 그것은 관객이 무대에서 벌어지는 일이 실제라고 믿을 만큼 그럴싸한 현실의 환영을 창출하고자 하는 사실주의(realism)와 반대되는 것으로, 연극이 허구임을 거리낌 없이 노출하면서 현실과 허구를 교차시키는 데서 비롯되는 극적 재미를 추구하는 태도입니다. 《우리 읍내》에서는 특히 무대감독이라는 등장인물을 통해 그것이 수행되지요. 무대감독은 제4의 벽을 깨고 관객에게 말을 건네거나 곧이어 진행될 연극에 대해 설명을 하거나 장면 속에 들어가 마을 사람 중 하나로 연기했다가 다시 무대감독이 되어 극에 대해 얘기하면서 《우리 읍내》가 담아내야 할 방대한 이야기를 연극적 재미와 함께 적절하게 자르고 이어 붙여 편집합니다.

극장주의의 맥락에서 《우리 읍내》가 택한 두 번째 스토리텔링 기술은 사후 시점의 도입입니다. 극중에서 자신이 세상을 떠났다는 사실을 실감하지 못하는 에밀리는 무대감독에게 시간을 되돌려 생전으로 가게 해달라고 부탁합니다. 그래서 12살 생일을 맞았을 때로 가지만, 과거를 아무렇지 않게 마주하는 게 얼마나 힘든 일인지 깨닫고는 무덤으로 돌아오지요. 앞에 인용한 것이 에밀리가 과거를 떠나기 직전에 하는 유명한 대사구요.

작가는 그렇게 연극적 수법을 빌어 관객이 인생의 생로병사와 희노애락을 죽음을 경유한 다른 입장과 다른 관점에서 바라보게 해줍니다. 《우리 읍내》가 소박하고 따뜻한 미국 판 전원일기를 넘어선다면, 거기에는 이 극장주의식 화법과 사후로의 시야 확장을 결정적 성공 요인으로 꼽을 수 있을 것입니다.

__ 끝이 고마워

누구나 죽고 나 역시 언젠가는 죽는다는 걸 모르는 이는 없지만, 죽음이라는 끝은 사는 동안 우리에게 늘 상상의 것일 수밖에 없습니다. 그래서 우리는 대개 현재가 언제까지나 이어질 듯 유일무이한 순간들을 반복으로 경험하면서 죽음을 망각한 채 살아가지요. 그것을 두고 작가는 "산다는 게 다들 장님이더군요"라고 표현합니다.

좀 다른 얘기이지만 얼마 전 TV에서 은퇴해서 아이들 낳고 살림하고 있는 아이돌을 소환해 다시 데뷔시키는 프로그램을 본 적 있습니다. '엄마는 아이돌'이라는 제목이었죠. 춤추고 노래하는 일을 그만둔 지 10년 가까이 되는 이들이 다시 무대에 서기 위해 또 무대에서 예전 이상의 기량을 선보이기 위해 애쓰는 과정을 보며 여러 생각이 들었답니다.

처음엔 한결 같이 무대가 너무나 그리웠고 무대를 떠난 동안 자신이 없어지는 것 같았다며 눈물 흘리는 모습에 마음이 아프면서도, 다른 한편으론 전업주부와 엄마로서의 삶이 상대적으로 폄하되는 것 같아 프로그램을 기획한 이들의 의도가 의심스럽기도 했습니다. 나중에 새로운 이름으로 데뷔를 하면서는 한 팀으로 활동할 수 있는 기간이 얼마 남지 않았다는 것을 수시로 상기하면서 눈물이 더 잦아지더군요. 그리고 출산과 노화로 예전 같지 않은 신체 조건을 부단한 연습으로 벌충하면서 한 번 한 번의 무대를 최선을 다해 만들고 즐기는 데 집중하는 것을 볼 수 있었습니다. 덕분에 저는 시청자로서 두고 온 집으로 돌아갈 날이 머지않았다는 끝에 대한 정확하고 구체적인 자각이 지금을 어떻게 유일하게 만드는지를 확인할 수 있었지요.

아마도 집으로 돌아간 그녀들은 늘 비슷한 듯한 가족과의 일상 역시 끝이 예정된 유일무이한 순간들이라는, 이미 알고 있던 사실을 새롭게 발견할 것입니다. 《우리 읍내》의 에밀리가 죽은 뒤 12살 생일로 돌아가 한나절을 살면서 느낀 그것을 말이지요.

끝이 있어 얼마나 다행인지요. 끝이 있어 얼마나 고마운지요.

죽음의 발생

죽음과 삶이 교직하는 인생과 역사의 단면을 보여주는 이야기 《우리 읍내》를 읽으면서 죽음이 언제 어떻게 생겨났는지를 짚어보고 싶어졌습니다. 진화생물학에 따르면 죽음은 일종의 돌연변이에 의해 발생했다고 합니다. 지구상에 단세포 생물이 유일했던 7억 년 전까지 세포는 복제와 분열을 반복하면서 똑같은 형태로 끝없이 재생이 가능했는데, 어느 날 갑자기 복수의 세포가 협력하여 생명 활동을 하는 다세포 생물이 나타나면서 그와 함께 죽음이 등장한 것입니다.

여러 세포가 결합한 복합적인 생물은 효율성을 위해 자연스럽게 생명 활동에 필요한 기능을 분담하였고, 그렇게 여러 세포를 연결해 동일한 개체로서 움직이는 신경계, 생식을 전담하는 생식세포, 생식 이외의 역할을 하는 체세포 등으로 전문화 되었습니다. 그리고 개체를 구성하는 각 세포는 죽음마저 자의로 결정하지 않고 전체에 맡겨 다 같이 죽음을 맞게 되었습니다. 그렇게 발생한 다세포 생물의 공동 죽음 (corporate death)은 균류처럼 죽지 않되 영원히 원시적인 형태를 고수하는 단세포 생물과 전혀 다른 진화의 길을 걷게 했고, 그 진화의 도정에서 나타난 인간은 자신의 죽음을 의식하고 예기하는 데까지 이르렀지요.

미국의 세포생물학자인 어슐러 구디너프(Ursula Goodenough)는 이렇게 말합니다.

"죽음은 의미가 있을까? 그렇다. 의미가 있다. 죽음이 없는 성(性)은 단세포 해조류와 균류를 만든다. 죽어야 할 체세포를 가진 성(性)은 다른 진핵생물을 만든다. 죽음은 나무, 조개, 새, 메뚜기가 되기 위해 치른 대가다. 죽음은 인간이 의식을 갖기 위해 치른 대가이며, 그 모든 빛나는 인식과 그 모든 사랑을 의식하기 위해 치른 대가다. 나의 육체적 삶은 다가오는 나의 죽음이 만든 경이로운 선물이다."

그녀의 말에 따르면 지금의 삶이 장차의 죽음이 보낸 선물이지만 뒤집은 문장도 참입니다. 다가 올 죽음은 지금의 삶을 가치롭게 하는 선물이기도 합니다.

죽음, 삶의 프레임

지구가 둥글다는 게 밝혀지기 전에 사람들은 지구를 넓게 펼쳐진

평원으로 상상했고, 그래서 가장자리를 넘어서면 나락으로 떨어진다고 믿었다지요. 삶과 죽음의 관계가 그와 비슷하다 여겨집니다. 사는 동안 우리는 삶을 끝없이 연속되는 것으로 경험합니다. 언젠가 죽음이 닥쳐올 거라는 걸 모르지 않지만, 그것을 자각하는 것은 찰나일 뿐 죽음은 나의 삶 속에서 늘 은폐되고 유예됩니다. 그런 한편 죽음은 그 줄기찬 망각과 회피를 아무렇지 않게 통과해 불시에 낭떠러지로 눈앞에 당도하고 말지요. 죽음은 우리에게 그렇게 삶의 끝으로 경험됩니다.

하지만 가장자리인 그 끝을 조금 다르게 보면 틀(frame)이기도 합니다. 벚꽃이 한창인 석촌 호수를 걷자니 산책로를 가득 메운 상춘객들이 너나 할 것 없이 사진을 찍더군요. 거기에는 온 땅에 가득한 봄 중에 어느 한 날 어느 한 곳의 장면이 담기겠지요. 연속되는 시공간을 손바닥만 한 크기로 오려낸 것처럼. 그리고 그렇게 잘려져 멈춘 덕분에 사진 속의 삶은 여러 겹의 시선을 받으며 오래도록 기억됩니다. 의미를 획득하는 것이지요.

연속적인 경험에 틀을 부여하여 의미를 발생시키는 것은 사진뿐이 아닙니다. 우리가 경험을 지각하고 저장하는 방식인 이야기(story) 역시 부단히 연속되는 사건에 처음-중간-끝이라는 틀을 씌움으로써 그 안에 충분히 머물러 거듭 겪는 것을 가능케 합니다.

무한한 대상을 우리의 한정된 지력과 감각에 맞춰 임의로 범위를 한정하는 행위와 도구 일체가 여기서 말하는 '틀'이며, 그 모든 틀의 뿌리에는 한사코 지나가는 삶을 멈춰 세워 정면으로 톺아보게 하는 죽음이 있습니다.

그런 측면에서 죽음은 삶을 말살하는 것이기 보다 삶 속에서는 삶을 거듭 살게 해주고, 삶의 끝에서는 삶을 완성하며, 삶 너머에서는 삶과 죽음이 시간의 다른 두 이름일 뿐임을 알게 하는 삶의 불가결한 짝 패입니다.

죽음, 삶에 형태를 입혀 우리가 비로소 감각할 수 있도록 해주는 프레임!

원더풀 라이프5)

'당신 인생의 가장 소중한 장면은 무엇인가요?'

영화는 이 물음을 위해 죽음을 끌어들입니다. 죽은 이들이 일주일 동안 머물며 막 떠나온 이생을 돌아보고, 나머지를 모두 지우는 대신 영원히 그 안에 기거할 단 하나의 기억을 선택하는 곳, 림보에서 벌어 지는 이야기를 들려주지요.

망자들은 짧거나 길었던 삶에서 어릴 적 귀지를 파주던 엄마 그리 고 엄마의 무릎을 베고 누웠던 그 감촉과 냄새, 관동대지진이 일어나 세상이 뒤집혔을 때 피신해 들어간 대숲에서 그네를 타며 놀던 기억, 치킨라이스가 먹고 싶어 빨간 원피스를 입고 오빠와 낯선 사람들 앞에 서 노래하며 춤췄던 것, 여름날 더운 땀을 식히는 바람을 맞으며 버스 차창으로 지나가는 풍경을 보았던 장면, 양떼 흰 구름을 양편으로 가르 며 하늘을 질주한 장관의 기억, 수십 년을 함께 한 아내와 처음으로 둘 이 영화를 본 후 공원 벤치에 앉아 앞으로는 한 달에 한 번씩 영화를 보여 주마 했던 ― 그러나 마지막이 되고 말았던 ― 약속을 꺼내 자신

---

5) '원더풀 라이프(After Life)'는 일본의 영화감독 고레에다 히로카즈의 1998년도 작 품입니다. 죽음을 통해 삶을 이야기하면서 삶과 죽음을 모두 소중히 껴안게 한다 는 점에서 《우리 읍내》와 매우 닮은 영화이기도 합니다.

의 일생을 그 하나의 장면에 봉인합니다.

가만히 내 일로 돌이켜 생각해보면 이 선택은 그리 만만하지 않습니다. 자신의 삶과 죽음을 순하게 받아들여 이만하면 잘 살았다 스스로 다독일 수 있어야만 가능한 일입니다. 그래야만 멀리서 바라볼 수 있고 그 아득한 곳에서 고만고만하게 펼쳐진 시간을 헤아리며 내 삶의 배꼽자리를 짚어낼 수 있으니까요.

그래서 이 영화가 더 눈 여겨 보는 인물은 이생의 기억을 선택하지 않거나 못해서 림보에 남아있는 그 곳의 직원들입니다. 단 하나의 기억을 택하는 방식으로 의미부여하기를 거부하거나 의미 자체를 발견하지 못한 혹은 자신의 돌아볼 가치 없는 삶을 벌하거나 못 다한 사랑을 떠나지 못해 죽음을 유예한 사람들이며, 감독은 그들에게 망자를 인터뷰하고 선택된 기억을 필름에 담아 되돌려주는 일을 하게 합니다.

일종의 간접체험이지요. 직원들은 그렇게 다른 이의 인생을 귀 기울여 듣고 그의 소중한 기억을 영화로 재현하면서 자신의 것이 아닌 시간을 자신의 것으로 삽니다. 그리고 그렇게 수많은 이야기를 살아내면서 자신의 삶에서 다른 이야기를 찾게 됩니다. 대상은 달라지지 않지만 관점이 달라지는 것이지요.

50년 넘게 림보에서 일하면서도 의미 있는 한 장면을 찾지 못했던 남자는 자신의 정혼자였던 여인이 선택한 기억이, 전쟁에 나가기 전 둘이 나란히 벤치에 앉아있던 순간임을 알게 됩니다. 그리고 그것이 그가 줄곧 집착했던 의미의 공식을 전도시킵니다. '가장 소중한 것은 내가 행복한 순간이다'에서 '내가 다른 누군가의 행복일 수도 있다'로요. 그 깨침은 또 그가 이생뿐 아니라 림보에서의 시간을 자신의 삶으로 껴안는 데 까지 확장됩니다. 그래서 그는 비로소 선택할 수 있게 되지요. 그래서 자신을 거기 이르게 해 준 사람들 모두, 그 역사를 하는 체현하는 '지금 여기의 동료들을 바라보는 나'를 가장 소중한 기억으로 간직합니다.

자폐적이던 그를 흔들어 문 열도록 재촉한 이는 누구에게도 소중한 사람인 적 없는 제 삶에 화가 난 소녀였습니다. 소녀는 남자의 곁을 서성이며 그의 사랑을 원했지만 그것을 얻을 수는 없었지요. 어쩌면 그녀에게 삶이란 '누군가에게 사랑 받는 것'을 위한 것이었을지도 모릅니다.

그래서 자신을 바라보지 않는 남자를 견딜 수 없는 날엔 애꿎은 눈에 분풀이하기도 하지요. 그런데 그랬던 그녀가 남자가 떠난 후에 오히려 차분해집니다. 그가 여정을 마무리하도록 도운 것과 자신이 그의 소중한 기억에 들어간 것이 그녀의 슬픔을 녹여주었을 겁니다. 그리고 이제 견습 딱지를 떼고 정직원이 된 그녀는 자신이 받고 싶었던 사랑을 다른 이에게 먼저 베풀면서 주체와 대상의 경계를 지우는 사랑의 역동을 경험할 거라 상상해봅니다.

삶을 위해 죽음이, 나를 위해 네가, 진실을 위해 거짓이, 현재를 위해 과거가, 현실을 위해 재현이 있으며 그 거꾸로가 동시에 성립함을 잘 보여주는 다정하고 아름답고 속 깊은 영화입니다.

《우리 읍내》를 읽고

이번 작업에서는 주로 사진을 찍어보려고 합니다. 장르를 불문하고 예술은 지속에서 순간을 오려내어 거기에 틀을 씌우는 것이지만, 그 중에서도 사진은 그 일을 가장 쉽고 빠르게 해낼 수 있는 일상에 밀착된 매체입니다. 먼저 주변에서 죽음을 연상시키는 이미지를 찾아 서너 장 이상 촬영해보세요. 앉은 자리에서 하셔도 되고 이 과제를 위해 잠깐 산

책을 하거나 조금 긴 외출을 하셔도 좋겠습니다. 죽음도 하나의 얼굴이 아니기에 다양한 이미지로 죽음의 전시를 하실 수도 있을 거예요.

《우리 읍내》의 에밀리는 지나치게 충격이 클까 염려하는 망자들 덕에 행복한 날이 아니라 가장 평범한 날 중 하루를 골라 12살 생일로 돌아가지요. 하지만 저는 여러분에게 좀 더 과감한 질문을 해보려 합니다, 영화 '원더풀 라이프'처럼. 다른 기억을 모두 지우는 대신 여러분의 인생에서 딱 한 하나만 남겨 영원히 그 기억 속에 살아야 한다면, 어떤 장면을 선택하시겠어요? 금세 어떤 장면이 떠오를 수도 있고 조금 시간이 걸릴 수도 있겠지요. 영화에서는 그 질문에 답하는데 일주일의 말미를 주지만 이 곳은 쉴 새 없이 복잡하게 돌아가는 이승이니 하루를 넘기지는 마세요.

이제 선택한 장면을 표현할 차례입니다. 우선 거기에 어울리는 색을 떠올려보세요. 그리고 기억 속의 장면을 시로 옮깁니다. 이를 테면 이렇게요. 다음은 치유적 희곡 읽기 워크숍에 참여한 엄희진 님의 것입니다.

좋다 좋아

주룩 주룩 아이 추워
엄마 엄마 내가 왔어
쓱쓱 싹싹 새 옷으로 갈아입고
냠냠 쩝쩝 떡볶이 맛이 있다
찰칵 찰칵 여기 봐라 내 새끼들

스르르 잠이 오네
똑똑똑 빗소리 자장가 삼아
행복한 잠을 청하네

"

완성된 시는 아까 고른 빛깔의 종이에 곱게 옮겨 적습니다. 사진처럼 액자에 끼워 집안 어딘가에 놓아두셔도 좋겠네요.

끝으로 일상에서 지속적으로 할 수 있는 활동을 제안할까 합니다. 하루에 한 장씩 사진을 찍는 거예요. 언제 어디서든 어떤 이유로든 마음에 와 닿아 작은 파문을 일으키는 장면들을 채집하는 거죠. 일생을 단 하나의 장면으로 남기듯 여러분의 하루를 한 장의 사진으로 집약하는 것일 수도 있답니다. 그 사진을 희곡 읽기를 함께 하는 분들과 공유하셔도 좋고 그게 아니라면 사진일기처럼 혼자만의 기록으로 남기셔도 좋겠습니다.

에브리맨

작자미상의 《에브리맨》은 삽화적 구성과 추상적 가치를 의인화하는 우의적 수법으로 기독교적 메시지를 전하는 도덕극(morality play)의 전형을 보여줍니다.

줄거리는 이렇습니다. 주인공 에브리맨에게 어느 날 죽음의 전령이 찾아와 이제 죽을 때가 되었으니 함께 가자고 합니다. 급작스런 소환에 깜짝 놀란 에브리맨은 혼자 죽기는 무서우니 동행을 구할 시간을 달라고 부탁하지요. 그리고는 친구, 친족, 사촌, 재물에게 죽음까지 같이 가달라 하지만 번번이 거절당합니다. 그래도 지식의 도움으로 참회를 찾아가 영혼을 맑게 한 후에는 선행이라는 동행을 얻게 됩니다. 거기서 또 아름다움, 힘, 판단력, 오관을 만나 무덤에 함께 들기를 청하지만 모두 배신하여 그를 떠나고, 끝까지 남은 선행과 죽음을 맞게 되지요.

'죽음이 언제 당신을 덮쳐올지 모른다. 삶 자체를 말소해버리는 죽음 앞에 버틸 수 있는 것은 아무것도 없다. 그러므로 허망한 이 땅의 삶에 소망을 두지 말고 영생을 바라고 준비하라.' 이것이 중세의 도덕극 《에브리맨》이 신이 아닌 인간 일반(everyman)에게 주는 메시지라 할 수 있습니다.

그리스 비극이 잘난 인간(hero)의 추락을 통해 신으로 대변되는 기존 가치에 대한 도전을 경고하고 응징하는 고도의 협박 체계라면, 《에브리맨》역시 죽음을 앞세워 유한한 삶에 집착하지 말 것을 선전 선동한다는 점에서 그리스 비극과 동일한 맥락을 발견할 수 있습니다. 하지만 지금 여기에서 《에브리맨》을 다시 읽게 하는 힘은 죽음 앞에서 한없이 작아지면서도 어떻게든 그것을 감당하려 애쓰는 평범한 인간의 모습이 보편적인 공감을 일으키는 데 있습니다.

저는 특히 에브리맨이 마주치는 인물들의 순서와 배치를 눈 여겨 보게 됩니다. 에브리맨은 극중에서 모두 11명의 동행후보자를 만납니다. 죽음의 전령을 맞닥뜨린 후 가장 먼저 우정을 찾고, 친족과 사촌, 그리고 재물에게 갑니다. 여기까지가 한 단위로, 친구(우정)와 친족과 재물은 모두 외부의 것으로서 개인이 흔히 의존하는 대상들입니다. 그런데 그들 모두가 죽음에 동행하기를 거부하고 에브리맨을 떠나지요.

두 번째 단위는 에브리맨이 지식의 도움으로 참회를 만나 자신의 죄를 고백함으로써 죽어가던 선행을 소생시키는 데까지입니다. 지식과 참회와 선행은 드라마에서 에브리맨의 변화와 구원을 가능케 하는 인물들이며, 앞서 만난 이들과 달리 외부 대상이 아니라 개인 내면의 기능에 가깝습니다. 특히 참회가 《에브리맨》의 드라마를 완성하는 중추라 할 수 있으며, 거기에는 '인간은 신 앞에 모두 죄인'이라는 기독교적 인식이 깔려있습니다.

세 번째 단위는 아름다움, 힘, 판단력, 오관입니다. 이것들은 외부의 대상은 아니지만 개인이 자신을 과시하며 비교우위를 점할 수 있게 하는 일종의 경쟁력으로 묶을 수 있습니다. 그런데 이들도 처음에는 에브리맨을 환대하는듯하다가 무덤 앞에서는 하나같이 줄행랑을 치지요.

지식도 죽음 직전에 에브리맨을 떠나고 그런 일련의 과정을 거쳐 무덤에 동행하는 유일한 인물이 선행이라고 《에브리맨》은 말합니다. 선행은 개인 외부의 대상도 아니고, 내면의 기능도 아니며, 비교 가능한 경쟁력도 아닙니다. 가치로운 행동이자 경험일 뿐이지요. 그러니까 《에브리맨》에 숨겨진 또 다른 메시지는 '삶에서 남길 수 있는 유일한 것은 살면서 당신이 겪은 것, 삶 그 자체뿐이다'로 읽을 수 있습니다. 15세기에 쓰인 희곡이 500년을 훌쩍 넘어 여전히 읽히고 상연되는 데는 그만한 이유가 있기 때문이며, 저는 그 중 큰 몫이 바로 이 전언에 있다고 생각합니다.

▬ 12년만 더

오늘도 여느 때와 같이 잠에서 깬 에브리맨은 남아있는 새털 같이 많이 날 중 하루를 시작하려 합니다. 그런 그를 내려다보며 하나님이 보낸 죽음이 말하지요.

"저기 나의 왕림을 전혀 알아채지 못하고 걸어가고 있는 에브리맨이 보이는군. 세속적인 욕망과 재산만 생각하고, 하늘의 왕이신 하나님 앞에 나아가 견뎌야 할 엄청난 고통은 알지도 못하고 있군. 에브리맨, 멈추어라. 어딜 가고 있느냐? 이토록 즐겁게. 너를 만드신 분을 잊었더냐?"

죽음의 등장에 당황한 에브리맨은 천 파운드를 줄 테니 제발 소환의 날을 미뤄달라고 부탁하지만 일언지하에 거절당하고 맙니다. 그럼에도 당장의 죽음을 받아들일 수 없는 에브리맨이 통사정을 합니다.

"맙소사! 잠시 머뭇거릴 수조차 없다는 겁니까? 어떤 경고도 없이 내게 죽음이 주어지다니. 당신을 생각하면 내 마음이 아픕니다. 결산서가 전혀 준비되지 않았으니. 내게 12년만 더 주어진다면 두려움을 가질 필요가 없는 깨끗한 결산서를 만들 수 있을 텐데. 그러니 제발, 죽음이시여, 자비를 베풀어 구제책을 찾을 때까지만 말미를 주세요."

중세에는 사람이 죽으면 자신의 선행과 악행을 기록한 결산서 (account-book)를 신에게 제출해야 한다고 믿었다고 해요. 욕망을 좇으며 삶을 즐기느라 그 결산서를 제대로 준비하지 못했다 여긴 에브리맨이 12년만 더 살게 해달라고 애원하는 장면입니다.

중세 도덕극인 《에브리맨》이 현대인에게도 여전한 공감을 일으킬 수 있는 첫 번째 포인트는 바로 이 갑작스런 죽음의 방문일 것입니다. 반드시 온다는 건 알지만 그게 언제일지는 알지 못하고 또 오는 것이 반갑지도 않기에 늘 충분히 멀리 있는 것으로 유예되기 마련이며, 그래서 죽음의 등장은 누구에게나 갑작스러울 수밖에 없지요. 죽음은 우리에게서 삶을 강탈하는 존재인 것입니다.

에브리맨은 그렇게 도적같이 나타난 죽음을 어떻게든 피해보려 애씁니다. 돈으로 회유하려다 실패하고는 연민을 자극하며 자신이 세상에 더 머물러야 하는 이유를 납득시키려 하지요. '깨끗한 삶의 결산서를 만들어야 한다'는 그의 이유를 기독교적 프레임 밖에서 다시 읽으면, '내 삶을 완성할 시간이 더 필요해' 쯤 되지 않을까 싶습니다.

'아직은 내가 충분히 살았다는 느낌이 들지 않아요. 아직 이루지 못한 일들이 있고, 내가 없는 빈자리가 티나지 않도록 단단히 준비도 시켜야

하고, 내가 사랑하는 것들 곁에 조금 더 있고 싶어요. 어쩌다 여기 오게 됐는지를 찾아 헤매던 중인데 그것도 알지 못한 채 납치 당하듯 또 떠날 수는 없어요.'

못다 한 것들에 얽힌 감정의 덩어리, 어떤 면에서는 해결되지 않은 과제라고도 할 수 있을 테고, 흔히 하는 말로는 여한(餘恨)이 우리의 발목을 잡아끄는 것입니다.

에브리맨은 그 여한의 크기가 상당했는지 죽음에게 12시간도 아니고 12일도 아니고 자그마치 12년만 더 기다려달라고 사정합니다. 그런 에브리맨이 뻔뻔하다 싶다가도 하던 운동을 갑자기 멈추는 건 어떤 차원에서든 쉽지 않을 거란 생각에 짠한 맘이 들기도 합니다.

그는 무엇을 상상하며 12년을 내세웠을까요? 만약 죽음이 그 부탁을 들어주었다면 그는 새로 받은 12년을 어떻게 썼을까요? 《에브리맨》 속편도 있었을 법한데 어디 묻혀 아직 발견되지 않은 걸까요?

만약 내게 오늘 죽음이 찾아온다면, 나도 에브리맨처럼 죽음의 바짓가랑이를 붙들고 삶을 구걸할까요? 한다면 무엇 때문에, 얼마만큼의 시간을 원할까 또 순순히 죽음을 따른다면 그건 또 무엇이 그런 선택을 하게 하는 것일까 상상해보게 됩니다.

빈사의 선행을 살려내다

우정과 친척과 재물이 모두 죽음으로의 동행을 거절하자 에브리맨은 선행에게 눈을 돌려 도움을 청합니다.

"이제 누구에게 위로받을 수 있을까? 선행에게 갈 때까지 결코 도움을 받을 수 없을 것 같은데. 슬프다. 그녀는 너무 약해서 나와 같이 갈 수도, 조언을 해 줄 수도 없을 거야. 하지만 이제 그녀에게 모험을 걸어볼 밖에. 선행이여, 어디에 있습니까?"

그러자 어디선가 실낱같은 목소리가 들립니다.

"(바닥에서 소리만 들린다) 여기 차디찬 땅에 누워 있습니다. 당신의 죄가 나를 아프게 속박하고 있어 움직일 수가 없군요."

추상적인 것에 인간의 몸을 입힌 상상력이 매우 귀엽게 발휘된 장면입니다. 하나님보다 재물을 더 섬겨온 덕분에 에브리맨의 결산서는 아예 한 글자도 알아보기 힘들 만큼 선행의 존재가 미미한 것이지요. 그래도 곧 숨이 넘어갈 듯한 선행이 지식을 따라가라는 결정적인 조언을 해주고 지식은 에브리맨을 구원의 집에 사는 참회에게로 안내합니다. 참회를 만난 에브리맨은 자신의 죄를 고백하고 용서를 구하지요.

"기쁨의 거울이며 자비의 주조자인 하나님. 저의 기도를 들어주소서. 이 세상에 쓸모없는 저의 기도를 들으시고 흉악한 이 죄인의 이름이 모세의 법전에 적히게 해주소서. …중략… 거룩한 삼위일체 하나님의 이름으로 제 육신을 벌하여 주소서. (스스로 채찍질하기 시작한다) 이 몸을 받아주소서. 죄로 더럽혀진 이 몸을 바치나이다."

그러자 바닥에 쓰러져있던 선행이 일어나 소리 높여 말합니다.

"하나님 감사합니다. 이제 제가 걸어갈 수 있게 되었습니다. 아픔이 사라졌습니다. 전 에브리맨과 동행할 것입니다."

그리고 선행과 에브리맨의 만남을 지켜보던 지식이 에브리맨에게 눈물에 젖은 슬픔의 옷을 입혀주고, 그것으로 그의 결산서가 깨끗해졌음을 확언합니다. 희곡의 절반에 해당하는 이 대목 뒤에도 분별, 힘, 오관, 아름다움과의 만남이 이어지지만 도덕극의 에피소드식 구성 내에서도 클라이맥스를 찾는다면 회심을 나타내는 참회와의 조우가 《에브리맨》의 절정이자 전환점이라 할 수 있습니다.

'나는 죄인이며 신의 사랑으로만 용서받을 수 있습니다.' 바로 이 고백이 참회의 본질이며 그것을 슬픔으로 기억하는 것이 진정한 거듭남의 표지라고 말하는 것이라 할 수 있습니다. 그리고 에브리맨의 회심과 동시에 선행이 건강을 회복합니다. 이는 기독교적 인식 내에서 가장 악한 것이 무엇인지를 말해주는 함축적 표현입니다.

흔히 선행이라 하면 '네 이웃을 네 몸 같이 사랑하라'는 말과 함께 다른 사람들에게 베푸는 어진 행실을 떠올리지만, 그것은 어디까지나 "네 마음을 다하고 목숨을 다하고 뜻을 다하여 주 너의 하나님을 사랑하라"는 첫 번째 계명의 뒤를 따르는 것이라는 말입니다. 그래서 에브리맨이 회심 후에 이웃과 함께 할 시간이 전혀 없었음에도 결산서의 선행이 뚜렷해질 수 있는 거죠.

터닝 포인트에 집중해서 에브리맨의 여정을 요약하면 이렇지 않을까요? '나는 즐기고자 하고 돈이 그것을 이뤄줄 것이다'에서 '나는 죄인이며 신의 사랑으로만 용서받을 수 있다'로의 변형. 이것이 에브리맨을 진정한 삶과 진정한 죽음으로 선회하게 한 발견이라면, 여러분을 여러분의 삶과 죽음에 안착시킨 발견은 무엇인가요?

《에브리맨》을 읽고 ___

희곡 속 에브리맨은 전혀 예상치 못한 순간에 죽음이 찾아오자 제 발 12년만 더 살게 해달라고 간청했지요. 만일 여러분이 똑같은 상황에 맞닥뜨린다면 어떨까 상상해보세요. 오래 살기를 원치는 않아도 막상 죽음이 눈앞에 나타나 그런 말을 한다면 두렵고 착잡할 수밖에 없을 것 같아요. 12년까지는 아니더라도 한 달 정도의 말미는 필요하지 않을까 싶고요. 뭔가 그동안 얼기설기 살아온 매무새를 가다듬을 수 있도록 말이죠.

에브리맨의 드라마가 방향을 틀 수 있었던 계기는 그가 선행과 지식의 도움으로 자신의 잘못을 고행을 통해 참회한 순간입니다. 그처럼 여러분도 곧장 죽음으로 가기 전에 다시 만나 용서를 구하고 싶은 것이 있다면 무엇일까요? 그 장면 속에 있는 사람에게 하고 싶은 이야기를 편지처럼 적어보세요. 그 대상은 여러분 자신일 수도 있습니다. 다 쓴 후에는 소리 내서 읽어보세요. 여기까지 하셨으면 하루나 이틀 정도 그 마음에 충분히 머물렀다가 다음 활동으로 넘어가시길 권합니다.

만약 죽음의 시점을 택할 수 있다면 여러분은 그게 언제가 되길 바라시나요? 그때를 염두에 두고 여러분의 인생을 일별하도록 할게요. 잠깐 눈을 감으셔도 좋아요. 지난 삶을 돌아보면서 '내 인생의 명장면' 이라 할 만한 순간을 선택해보세요. 모두 일곱 장면이 되도록 말이죠.

이름 하여 '내 인생의 7대 명장면'입니다. 그 중에는 아마도 앞서 질문한 '여러분을 여러분의 삶과 죽음에 안착시킨 발견'도 포함되겠지요? 선택된 소중한 장면들은 그 이미지를 그려보겠습니다. 엽서 크기의 좀 두께가 있는 종이라면 좋겠는데 그런 게 아니어도 괜찮아요. 그림이 완성되면 간단한 설명을 써넣어보세요.

　　그림만 보고 있어도 뿌듯하시지요? 이제 거기에 한 장면을 추가하려 합니다. 그 장면은 아직 만나지 못한 미래의 것입니다. 지금부터 － 아까 선택한 － 죽음을 맞기 전까지 꼭 만들고 싶은 명장면 하나를 상상해보세요. 언제, 어디서, 누구와, 무엇을, 어떻게, 왜가 모두 명확해질 때까지 구체적으로 상상한 다음 그 내용을 희곡의 형식으로 쓰겠습니다. 어떻게 감히 희곡을 쓰냐고요? 지금까지 여러 작품을 공들여 읽었고 읽고 나서도 다양한 방식으로 연극적 상상력을 발휘했기 때문에 그리 어렵지 않게 할 수 있습니다. 도전해보세요. 분량도 딱 한 장면에 기한이 있는 게 아니니 시간을 두고 여러 번 고쳐 쓸 수도 있고요. 희곡을 권하는 이유는 그것이 여러분의 상상을 가장 생생하게 구현할 수 있는 형식이기 때문이랍니다.

　　아래 보기는 치유적 희곡읽기 워크숍에 참여한 우정희 님의 것입니다.

"

내 생일이다.
나를 좋아하는 사람들과 함께 집에서 밥 먹고 이야기 나누며 생일을 축하하고 축하받는다.

아침 일찍부터 집에서는 미역국과 요리를 준비하는 맛있는 냄새가 난다.

나 :   (주방을 향해) 우와! 이게 다 뭐야. 내가 다 좋아하는 것밖에 없어.
        미역국에 소고기도 엄청 많이 들어간 것 같고. 냄새도 참 좋다.
        진짜 완전 행복해!
        아침인데 그냥 간단히 먹지 뭘 이렇게 차렸어.
        점심이랑 저녁에도 약속 있는데.
        고마워서 그렇지.

        (핸드폰 벨 소리가 울린다. 나는 빠르게 주머니에서 핸드폰을 꺼낸다.)

        엄마! 아주 꼭두새벽부터 전화를 했네. 밥은 먹었어? 어, 잘했네.
        엄마도 미역국 먹었어? 나도 먹지. 지금 상 차리고 있어. 응.
        에이, 내가 안 끓였지. 응. 누가 끓여주면 원래 더 맛있잖아. 고마워, 엄마.
        아니 그냥 엄마도 나 낳느라 고생했는데 서비스지 서비스.
        요즘 날씨도 좋은데 아줌마들이랑 맛있는 것도 많이 사 먹어.
        아빠는? 그래 잘했다. 엄마도 나가서 좀 걷고 그래. 약도 잘 챙겨 먹지?
        아이고! 아직 우리 엄마 아빠 청춘이네.
        응, 내일은 집에 내려가니까 그때 맛있는 거 먹자! 다시 전화할게.
        사랑해요, 하 여사! 네네, 들어가세요.

        (전화를 끊고 핸드폰을 바라본다. 메신저 어플을 확인하고 답장한다.
        환하게 웃기도 하지만 당황스러운 표정을 할 때도 있다.
        주방에서 부르는 소리에 고개를 끄덕이며 대답한다.
        식탁에서 밥을 먹는다.
        건네주는 커피를 받아 테이블에 내려놓다가 한 모금 마신 뒤)

        요즘 다들 바빠서 시간 맞추기가 어렵단 말이야.
        그나마 오늘 점심에 시간이 맞아서 다행이다.

        (초인종소리가 들리고 격렬하게 친구들을 반긴다)

        와! 들어와, 들어와. 뭘 또 이렇게 가져 왔어.
        그냥 밥이나 한 끼 먹고 가라니까.

와! 역시 감동이다. 이건 술이야? 처음 보는 건데? 전통주? 신기하다.
에이, 요새는 그렇게 못 마시지. 우리 나이를 생각해야 돼.
얘들아, 일단 안으로 들어와. 왜 다들 현관에서 그래.
넌 무슨 보온병을 가져 왔어.
미역국? 하하하.
너희 먹을 게 없었는데 미역국에 가져온 술 한 잔하면 되겠다.
축하해줘서 고마워. 원래 우린 만나면 낮부터 마셨어. 앉아.
어떻게 다 같이 왔어?
이게 더 감동인데? 그래, 너는 한 시간은 늦을 줄 알았는데 웬 일이야?
빨리 앉아 봐. 어떻게 지냈는지 좀 듣자.

(까르르 웃음소리가 한바탕 들리고 나는 친구들을 배웅한다.)

아이고, 시간이 아슬아슬하네.
치울 정신도 없고 그냥 밖에서 보자고 할 걸 그랬나?
여기만 좀 치워야겠다.

(전화벨이 울리고 급하게 어깨에 받혀 전화를 받으며 계속 상을 치운다.)

뭐 벌써 출발했어? 괜찮다니까.
처음 보는 것도 아닌데, 축하 더 많이 받고 좋지.
오랜만에 보려니까 설레던데? 그 주유소에서 우회전해서 그 아파트 맞아.
정문으로 들어오면 바로 주차장 입구거든?
내가 이것만 좀 정리하고 내려갈게.

(자리를 다 치운 뒤 허겁지겁 나간다.
잠시 후 도어락 열리는 소리와 함께 우당탕탕 집으로 들어오는 나와 일
행들. 부산스럽게 자리에 앉는다.)

맞네. 너도 우리 집은 처음이구나. 우리 너무 회식할 때만 본 거 아니야?
우와, 감사합니다. 편하게 오셔도 되는데. 풀어 봐도 되나요?
향기가 너무 좋은데요? 잘 쓸게요! 너도? 아이참, 그냥 오라니까.
어머, 이게 뭐야?
정 먹이고 싶으면 인스턴트나 사오지 뭘 또 만들어왔대?

진짜 맛있겠다.

사골국물이라서 이렇게 색이 뽀얗구나. 그러게요.

이 친구가 저를 너무 좋아하는 거 같아요.

하하, 그럼, 내가 얼마나 널 좋아하는데.

지금까지 벌써 몇 년이야. 우린 이제 직장동료가 아니라 거의 친자매지.

처음 만났을 때 생각난다. 난 그때 2년차였나? 너는 첫 실습이었잖아.

완전 긴장해서 맨날 실수하고 그런 게 엊그제 같은데. 내가 그랬어?

난 정말 친절하게 알려줬다고 생각했는데? 장난이 너무 심한 거 아니야?

그래, 생일인데 오늘은 주인공으로 대해 줘. 하하하.

(간단히 다과를 먹으며 재미있게 수다를 떠는 모습.

현관문 벨 소리가 들리고 택배 상자를 가지고 들어오며)

이게 뭐지?

(앉아 있는 사람들을 보며)

하하하. 그러게, 내가 인기가 많다니까?

이건 내가 나한테 주는 생일 선물이야.

딱 맞춰서 왔네. 정말 갖고 싶은 게 있으면 난 이렇게 나한테 선물을 해.

응. 맞아.

(대충 포장을 뜯어 살펴본 뒤 구석에 상자를 두고 자리에 다시 앉는다.)

(이야기를 하다 보니 벌써 저녁. 모두들 돌아간다. 책상을 간단히 정리

하다가 문득 고개를 든다. 주변을 둘러보는데 고요하다.)

아, 행복하다.

희곡의 완성을 축하드립니다. 희곡은 상연을 전제로 쓴 글이니 이

제 읽어봐야겠지요? 함께 하는 분들이 있다면 역할을 나누어 맡아 읽어

도 좋고 혼자라도 소리 내서 읽어보세요. 앞에서 했던 것처럼 그걸 녹

음해서 들어도 보시고요. 그렇게 구체적으로 그린 미래의 장면이 설계도가 되어 장차 꼭 닮은 경험을 만나게 되실 거라 믿습니다.

참고문헌

리베카 솔닛 지음, 설준규 옮김, 어둠 속의 희망, 창비, 2017

막심 고리키 지음, 최윤락 옮김, 밑바닥에서, 지식을만드는지식, 2011

밀란 쿤데라 지음, 방미경 옮김, 무의미의 축제, 민음사, 2014

베르나르 베르베르 지음, 이세욱/임호경 옮김, 상상력 사전, 열린책들, 2011

베르톨트 브레히트 지음, 황동근 옮김, 사천의 선인, 예니, 2011

사무엘 베케트 지음, 오증자 옮김, 고도를 기다리며, 민음사, 2000

소포클레스 지음, 김기영 옮김, 오이디푸스 왕, 을유문화사, 2011

손톤 와일더 지음, 오세곤 옮김, 우리 읍내, 예니, 2013

아서 밀러 지음, 강유나 옮김, 세일즈맨의 죽음, 민음사, 2009

안톤 체호프 지음, 김규종 옮김, 갈매기, 시공사, 2010

어슐러 구디너프 지음, 김현성 옮김, 수수꽃다리, 2000

에메 세제르 지음, 이석호 옮김, 어떤 태풍, 그린비출판사, 2011

윌리엄 셰익스피어 지음, 김용태 옮김, 리어왕, 지만지드라마, 2019

윌리엄 셰익스피어 지음, 김정환 옮김, 폭풍우, 아침이슬, 2008

윌리엄 셰익스피어 지음, 최종철 옮김, 맥베스, 민음사, 2004

작자미상, 한은숙 옮김, 에브리맨, 공연예술저널

테네시 윌리엄스 지음, 김소임 옮김, 욕망이라는 이름의 전차, 민음사, 2007

폴커 키츠/마누엘 투쉬 지음, 김희상 옮김, 마음의 법칙, 포레스트북스, 2022

한나 크리슬로우 지음, 김성훈 옮김, 운명의 과학, 브론스테인, 2020.

헨리크 입센 지음, 박은정 옮김, 인형의 집, 삼성출판사, 2015

저자소개

이효원

다양한 개인 및 집단과 만나는 연극치료사로서 2005년 한국연극치료협회 연극치료사
양성과정에서 강의를 시작한 이후 여러 학교에서 연극치료를 가르치고 있다.
『연극치료와 함께 걷다』와 『연극치료 QnA』, 『연극치료에서 이야기를 어떻게 쓸 것
인가』, 『연극치료 진단평가 매뉴얼』을 썼고 『건강한 애착과 신경극 놀이』, 『회상연극』,
『셀프 인 퍼포먼스』 등 16권의 연극치료 관련 서적을 옮겨왔으며, 연극과 성장 연구
소에서 상처 입은 아이를 위한 연극치료(DWC)를 실행하고 있다.

희곡과 함께 걷다

초판발행	2023년 4월 15일
지은이	이효원
펴낸이	노 현
편 집	전채린
표지디자인	Ben Story
제 작	고철민·조영환
펴낸곳	㈜ 피와이메이트
	서울특별시 금천구 가산디지털2로 53, 210호(가산동, 한라시그마밸리)
	등록 2014. 2. 12. 제2018-000080호
전 화	02)733-6771
f a x	02)736-4818
e-mail	pys@pybook.co.kr
homepage	www.pybook.co.kr
ISBN	979-11-6519-405-5 93180

정 가   17,000원

박영스토리는 박영사와 함께하는 브랜드입니다.